Timo Franke

In seiner Kochlaufbahn hat Timo Franke bereits Sternehäuser wie die „Traube Tonbach" in Baiersbronn, das „Adlon" in Berlin sowie deutschlandweit weitere Highclass-Hotels durchlaufen. Bis März 2020 war er Küchenchef im „Naturhotel LechLife" in Tirol. Neben unzähligen Kochshows, Kochkursen und Schulungen bietet Timo heute Gourmet-Coachings für Hotels und Restaurants, Kantinen oder Mensen in Universitäten an. Zusätzlich ist er Produktentwickler im veganen Lebensmittelsegment sowie Lidl-Testimonial und kreiert Food-Content für viele namhafte Firmen.

Seit Sommer 2020 führt er mit seiner Geschäftspartnerin Lili Weber die Berliner Agentur „vegan.united". Neben einem Foodtrailer, der mittlerweile deutschlandweit auf sämtlichen veganen Events und Messen unterwegs ist, planen Timo und Lili nun die Eröffnung ihres ersten gemeinsamen Cafés im Frühjahr 2023 in Berlin-Schöneberg.

Kosten pro Rezept

Beiden Autoren war es wichtig, dass die Zutaten für jedermann erschwinglich und einfach zu besorgen sind. Bei jedem Rezept findet ihr eine Einschätzung der Kosten für das jeweilige Gericht (Stand 20.11.2022). Anhand von kleinen Icons in Form von Euro-Zeichen lässt sich ablesen, ob ein Gericht eher günstig ist (ein Icon) oder eher etwas mehr kostet (möglich sind theoretisch bis zu fünf Icons).

Die Icons entsprechen:
€ = bis 2,50 € pro Person
€ € = bis 5,00 € pro Person
€ € € = bis 7,50 € pro Person
€ € € € = bis 10,00 € pro Person
€ € € € € = über 10,00 € pro Person

Nährwerte und digitale Einkaufsliste Meldet euch kostenlos bei www.mengenrechner.de an und schaltet das Buch „Vegan Gladiators" frei.

TIMO FRANKE RALF MOELLER

VEGAN GLADIATORS

SO KRASS GUT SCHMECKT VEGAN

Food-Fotografie Hubertus Schüler **Co-Autoren** Stephanie Nauber, Tankred Lerch

Kürbisgulasch

Pizza mit Kichererbsenboden

Orientalischer Blumenkohlauflauf

New York Cheesecake
mit Erdbeer-Minze-Salat

Tex-Mex-Taco mit Chili sin
Carne und Koriander

Pasta mit Spinat-Erdnuss-Sauce

Zucchini-Spaghetti mit knusprigem Tofu

Linsensalat mit Kichererbsen-Pfannkuchen

Portobello-Burger mit Linsen-Patty

REZEPTE

Man sieht es uns vielleicht nicht auf einen Blick an und es mögen uns 28 Jahre und ein paar Zentimeter trennen, aber insgeheim sind wir Zwillinge. RALF

DER KOCH, DER SCHAUSPIELER, DAS HOTEL UND IHR VORWORT

Der Frühstücksraum eines Berliner Fünfsternehotels am frühen Morgen. Gäste kommen und gehen, die einen offensichtlich direkt aus dem Bett, die anderen wollen wohl gleich wieder hinein. Einige sind auf dem Weg zu Terminen oder zur Arbeit, andere stärken sich mit unterschiedlichen Frühstücken, vielleicht um sich auf ein aufregendes Date mit der spätsommerlichen deutschen Hauptstadt vorzubereiten.

An einem Tisch im hinteren Bereich sitzen zwei Männer im mehr oder weniger mittleren Alter. Beide betrachten fasziniert das Kommen und Gehen. Sie können ihre Blicke kaum von den Tabletts lösen, auf denen die Gäste ihr Essen an ihre Tische schleppen, oder beobachten die unermüdlichen Kellner:innen, die trotz der frühen Uhrzeit inzwischen wahrscheinlich schon Hunderte Teller ausgeliefert haben.

Der größere der beiden Männer fährt einen muskelbepackten Arm aus. Er zeigt auf eine eher zierliche Kellnerin, die ein schweres Tablett gekonnt durch den Raum balanciert. **„Wenn sie zwischendurch noch ein paar Kniebeugen macht und mit dem Fahrrad nach Hause fährt, hat sie ein perfektes Work-out hinter sich."** Der etwas kleinere Mann lächelt verschmitzt und deutet mit einem Kopfnicken auf den Herrn an dem Tisch, bei dem die Kellnerin das Tablett ablädt: „Und wenn er das aufisst, hat er wahrscheinlich alles hinter sich."

An einem anderen Tisch füttert eine Dame einen kleinen Hund mit großen Wurstscheiben. Der Kleinere lenkt die Aufmerksamkeit des Größeren auf die Situation und grinst. „Besser der Hund als sie." Der Größere lacht mit und zeigt auf die beiden fast aufgegessenen Portionen Oatmeal mit frischen Früchten, die auf ihrem Tisch stehen. „Weißt du", sagt er, „obwohl ich hier seit Jahren einchecke, den Laden wie meine Westentasche kenne und glaube, dass wir genug für Frühstück und

„Wir lassen uns sehr gern gut bezahlen", grinst Ralf, „aber wir stehen komplett hinter dieser veganischen Sache, die wir vegane Ernährung nennen."

Zimmer bezahlen, dass die hier nachhaltig und fair einkaufen können, bin ich froh, dass der Hund die Wurst bekommt und nicht ich. Denn letztendlich weiß man doch nie, was drin ist." Der andere nickt und denkt noch eine Spur weiter.

„Weißt du, mir ist es eigentlich egal, ob Hund oder Schwein oder Huhn oder Rind oder was auch immer. Ich bin grundsätzlich dafür, gar keine Tiere zu essen."

Ein junger Typ im fancy Jogginganzug, den er offensichtlich nicht beim Sport trägt, hat die beiden erspäht und kommt winkend an ihren Tisch. „Ich kenne euch doch!"

Für die beiden Männer ist es nichts Ungewöhnliches, erkannt zu werden. Einer der beiden ist Ralf Moeller, Hollywoodschauspieler, Mr. Universum und Gladiator, der andere ist Timo Franke, einer der besten und umtriebigsten veganen Köche Deutschlands. Der Jogginganzugträger setzt sich unaufgefordert zu den beiden.

„Ich habe eure Kochshow im Internet gesehen. Super!" Die beiden bedanken sich artig.

Der Jogginganzugträger freut sich und trägt sein eigentliches Anliegen vor: **„Aber sagt mal, könntet ihr auch mal was mit Fleisch machen?" Ralf Moeller schaut Timo Franke an. „Na klar, könnten wir." Timo nimmt den Ball auf. „Aber wir wollen nicht!"**

Der Jogginganzugträger wirkt verblüfft. „Ihr wollt nicht?" Ralf lächelt milde. „Ja, wir wollen nicht."

Jetzt ist es an dem Jogginganzugmann zu lachen. „Ihr wollt mir doch nicht erzählen, dass ihr nicht heimlich Fleisch esst und euch für diese veganische Sache nur gut bezahlen lasst?"

„Wir lassen uns sehr gern gut bezahlen", grinst Ralf, „aber wir stehen komplett hinter dieser veganischen Sache, die wir vegane Ernährung nennen." Der Mann ist sich nicht sicher, ob die beiden sich über ihn lustig machen, weil aber keiner lacht, scheinen sie es ernst zu meinen.

„Könnte ich nicht", sagt er. Ralf nickt nur und reicht dem Mann die Hand. „Ich bin Ralf. Und wie heißt du denn eigentlich?"

„Mario!"

„Könntest du doch, Mario. Und machst du auch schon zu großen Teilen", sagt Ralf. Man sieht ganz klar, dass Mario das nicht glaubt und lieber schnell das Thema wechselt.

„Und was macht ihr beiden hier?", will er wissen. „Zeichnet ihr eine neue Kochshow auf?"

„Nein", sagt Timo, „wir sind die Vegan Gladiators."

„Geil", entfährt es Mario, „ein neuer Film?"

„Diesmal wird es ein Buch!" Mario stutzt, denkt nach.

„Wird das dann auch verfilmt?" Ralf schüttelt den Kopf.

„Eher nicht, das wird schwierig. Es wird ein Kochbuch. Und zwar ein veganes Kochbuch."

„Und das schreibt ihr hier?"

„Nein", sagt Timo, „hier haben wir nur gefrühstückt und treffen uns mit einer Autorin, die uns erklären will, wie man ein richtig gutes Vorwort schreibt."

Ein paar Minuten später ist Mario weg, die Teller sind abgeräumt und Ralf und Timo warten.

„Das Wort ‚vegan' macht den Leuten immer noch irgendwie Angst", sinniert Ralf.

„So sind Menschen", sagt Timo, „alles, was sie nicht kennen, macht ihnen erst mal Angst." Er lacht. „So wie dir damals die Küche, als du noch nicht wusstest, was man da alles machen kann."

Ralf lacht mit, versucht allerdings, Timos Aussage zu relativieren.

„Ein bisschen wusste ich schon." Timo lacht jetzt laut.

„Wenn ich ehrlich bin, habe ich damals gedacht, es ist leichter, einem Panda Singen beizubringen als dir das Kochen."

Ralf lügt. „Ich habe mal einen Panda gesehen, der konnte zumindest ein wenig singen. Zumindest hat es sich so angehört."

„Na ja", sagt Timo ungläubig, „so etwas soll es geben. Du kannst ja inzwischen auch ein wenig kochen." Er grinst. „Zumindest kann man es essen."

Ralf grinst mit, aber seine eigentliche Aufmerksamkeit gilt einem Paar, das gerade zum Buffet schreitet. Timo folgt Ralfs Blick und sieht einen Herrn um die 60 mit einer Frau so Mitte 20. Er trägt einen Anzug, sie so wenig wie möglich, so viel wie nötig.

„Ich liebe den Sommer", sagt Timo und meint eigentlich die wohlgeformten Beine der jungen Dame.

Ralf stupst Timo an.

„Ich wette, dass ich weiß, was die beiden sich holen."

Timo grinst. „Sie könnte sich leicht eine Erkältung holen." Ralf stupst Timo noch einmal, Timo seufzt.

„Du meinst so nach dem Motto: Du bist, was du isst?"

„Genau."

Timo beobachtet die beiden jetzt auch.

„Meinst du, die sind ein Paar?"

Ralf schüttelt den Kopf. „Nein, ich glaube, sie ist seine Tochter."

„Wie kommst du darauf?"

„Erstens bin ich ein Mann in seinem Alter und weiß, wie man seine Freundin betrachtet, wenn sie leicht bekleidet vor einem zum Frühstücksbuffet geht, und zweitens bin ich ein Vater, der weiß, wie man seine Töchter betrachtet, wenn sie leicht bekleidet zum Frühstücksbuffet gehen."

„Punkt für dich", sagt Timo. „Und was holen sie sich?" Ralf zeigt dezent auf den Mann.

„Sein Anzug ist maßgeschneidert, der kaschiert viel, trotzdem macht er die Jacke auf, bevor er am Buffet ist. Er hat Hunger. Aber er weiß, dass seine Tochter schauen wird, was er sich zum Frühstück holt. Sie ist so schnell am Aufschnitt vorbeigegangen und steht jetzt vor dem Käse. Ich würde tippen: Vegetarierin. Er weiß das und wird deshalb auch keine Würstchen nehmen, obwohl er schon die ganze Zeit dahin schielt. Er spielt seit Jahren mit dem Gedanken, endlich mehr Sport zu machen. Sie achtet sehr auf sich, ihre Haltung ist nahezu perfekt. Ich würde sagen: ein bis zwei Cardio-Sessions die Woche, ansonsten Yoga und vielleicht als junges Mädchen ein wenig Ballett."

Timo schaut Ralf erstaunt an. „Kennst du die? Oder hast du Psychologie studiert?"

Ralf schüttelt den Kopf. „Ich bin Schauspieler. Wir achten auf Details. Denn wer weiß, wann man seine Beobachtungen mal für eine Rolle benutzen kann."

Timo lacht. „Falls du mal eine jugendliche Yogaschülerin spielst?" Ralf schaut Timo an. „Oder falls man ein veganes Kochbuch schreibt?"

Sein Blick kehrt zu dem Paar am Buffet zurück. „Ich lege mich fest: Er wird als Konzession an sie Rührei und Lachs frühstücken, dazu entweder ein Brötchen oder einen Toast. Und sie wird sich von den Früchten nehmen und dazu ein Müsli mit Hafermilch."

Timo überlegt. „Was setzt du?"

Ralf grinst: „Wenn ich Unrecht habe, mache ich nachher ein Work-out mit dir!" Timo beobachtet, wie die beiden sich ziemlich genau mit den Frühstücken bedienen, die Ralf prognostiziert hat, und weiß, dass er jetzt eine Sporteinheit mit Ralf an der Backe hat.

Ralf grinst: „Wenn ich Unrecht habe, mache ich nachher ein Work-out mit dir!"

„Und was sagst du als Sportler? Welches ist das bessere Frühstück?"

„Eier und Lachs, das ist proteinreich, hat aber auch sehr viel Cholesterin und vor allem enthält es viele tierische Fette." Er schaut Timo an. „Für das Work-out, das wir beide nachher machen, wäre ihr Frühstück definitiv besser."

Timo schluckt. Während Ralf sich im Saal umschaut, kommt er lieber wieder auf das eigentliche Thema zu sprechen.

„Sag mal, was meinst du denn, sollte in so einem Vorwort stehen?" Ralf überlegt nicht lange.

„Na, wer wir sind und was wir mit dem Buch wollen."

„Wer sind wir denn?", fragt Timo.

„Du bist zum Beispiel ein Sternekoch ..."

Timo unterbricht mit einem Geräusch, als hätte jemand in einer Quizshow eine falsche Antwort gegeben. Ralf schaut ihn erstaunt an.

„Was?"

„Ich habe in Sterneküchen gelernt und gekocht, aber einen eigenen habe ich leider noch nicht. Gelernt habe ich im ‚Gasthof zum Prinzen', der war damals über die Landesgrenzen bekannt und gehörte zu einem der besten Häuser der Region. Unter meinen beruflichen wie persönlichen Vorbildern Hans-Jörg Schmälzle und Frank Müller habe ich drei Jahre die Basis des Kochhandwerks erlernt, bevor ich dann

„Ballerbude?“, fragt Ralf. „Am Ballermann, oder was?“ Timo schüttelt den Kopf. „Nee, so nennen wir Köche Restaurants mit enorm vielen Sitzplätzen und zu wenigen Köchen.“

meine erste Gesellenstelle in der berühmten ‚Traube Tonbach‘ in Baiersbronn angetreten habe.“

Ralf nickt. „Die Traube kenne ich natürlich.“

Timo grinst. „Die kennen dich da auch.“

Ralf ist verwirrt: Was meint Timo denn? Aber der winkt nur ab und macht weiter.

„Hier habe ich mit der Legende Harald Wohlfahrt, der über Jahrzehnte einer der Besten seines Fachs war, gekocht. Er ist allein 25 Mal mit drei Michelin-Sternen ausgezeichnet worden – unglaublich, was für eine Leistung! Er ist so eine Art Mr. Universum der Köche. Aber insgesamt rund 70 Michelin-Sterne haben sich die Köche aus dieser Talentschmiede später in anderen Restaurants erkocht. Diese Station in meiner Kochlaufbahn ist nicht nur eine der bedeutendsten gewesen, sondern auch die, bei der ich fachlich am meisten lernen konnte.“

„Und dann hast du einen eigenen Laden aufgemacht?“, fragt Ralf.

„Noch lange nicht“, antwortet Timo. „Auf die Traube folgten Stationen im Badischen Oberkirch und in Tirol am Achensee sowie eine kurze Liaison auf Sylt, bevor ich wieder für knapp zwei Jahre in meinen Ausbildungsbetrieb zurückkehrte. Dort konnte ich mein erlerntes Wissen weiter festigen und in bekanntem Umfeld umsetzen. Mit gerade einmal 22 Jahren stand ich zum ersten Mal als Küchenchef mit einer eigenen Brigade in der Küche. Motiviert bis in die Zehenspitzen war es mein Ziel, schnellstmöglich meinen ersten Michelin-Stern zu erkochen. Am liebsten wäre ich Deutschlands jüngster Sternekoch aller Zeiten geworden …“

Timo hält inne und zuckt die Achseln.

„Dass daraus damals nichts geworden ist, kann ich heute mit einem Schulterzucken hinnehmen. Doch damals hat es mich so sehr gewurmt, dass ich erst einmal keine Lust mehr auf diesen ‚Sterne-Zirkus‘ hatte. Ich habe mich dann als Küchenchef in einer Tapasbar, in Schnitzelhäusern und in einer Ballerbude anstellen lassen.“

„Ballerbude?“, fragt Ralf. „Am Ballermann, oder was?“

Timo schüttelt den Kopf. „Nee, so nennen wir Köche Restaurants mit enorm vielen Sitzplätzen und zu wenigen Köchen.“

„Und dann?“, fragt Ralf gespannt.

„Und dann hat es mich nach Berlin an den Pariser Platz in das ‚Hotel Adlon‘ gezogen.“

„Und dort?", fragt Ralf, aber Timo unterbricht.

„Nee, jetzt erst mal du."

Ralf überlegt und winkt ab. „Das kennt man doch alles. Ich will jetzt lieber mehr über dich wissen. Ich kenne dich jetzt vier Jahre und merke, was ich alles nicht über dich weiß."

Timo schüttelt den Kopf. „In einem Vorwort zu einem gemeinsamen Buch muss auch was über dich gesagt werden, was noch nicht alle wissen. Also, Mr. Universum 1986, Gladiator, bester Freund von Arnold Schwarzenegger, das wissen alle. Deine Filmografie kann man bei Wikipedia nachlesen. Aber was für ein Tier du zum Beispiel als Kind gehabt hast – das nicht."

Ralf lacht. „Du hast meine Biografie gelesen und willst, dass ich über Guido rede ..."

Timo grinst. „Dass der berühmteste Bodybuilder Deutschlands, der zu seinen besten Zeiten ein Kampfgewicht von über 130 Kilo auf die Waage gebracht hat, einen 30 Gramm schweren Wellensittich hatte, der Guido hieß, das wissen eben nicht viele. Oder dass du damals nach Hollywood zu Cannon Film geflogen bist, um dich persönlich vorzustellen, weil dein Englisch für ein Telefonat nicht gereicht hat, das müssen die Leute wissen."

Ralf unterbricht Timo. „So stimmt es aber auch nicht." Er lächelt. „Es ist halt nur anders, wenn 1,96 Meter und 130 Kilo vor einem stehen, als wenn man sie am Telefon hat."

Er stupst Timo an. „Und wo sind deine Räuberpistolen?"

Timo schaut ernst. „Wenn ich dir die beste erzähle, glaubst du das sowieso nicht."

„Versuch es!", fordert Ralf ihn auf.

Timo überlegt. Soll er wirklich? Dann zuckt er die Achseln und beginnt. „Als ich acht Jahre alt war, hat sich meine Mutter von meinem Vater getrennt. Daraufhin haben sich Dramen ergeben, auf die ich nicht weiter eingehen möchte, aber der Höhepunkt war, dass mich mein Vater entführt hat und es eine Verfolgungsjagd quer durch Europa gegeben hat."

„Ernsthaft?", fragt Ralf.

„Ernsthaft", sagt Timo. „Für mich als Achtjährigen war das einerseits eine verrückte Abenteuerreise. Doch gleichzeitig verstehst du gar nicht, warum dein Vater das aus seiner Sicht so machen musste, wie er es getan hat. Von der Polizei verfolgt, sind wir über Wald und Flur, bis meine Mutter mich zwei Wochen später wieder in ihre Arme schließen konnte."

„Und dein Vater?", will Ralf wissen.

„Na", sagt Timo, „der hatte dafür dann eine längere Haftstrafe abzusitzen, während meine Mutter mit zwei Kindern auf sich gestellt war und ich deswegen viel Zeit bei meinen Großeltern verbracht habe."

„Und", sagt Ralf, „lass mich raten: Da hast du Kochen gelernt?"

„Ganz genau", sagt Timo. „Genau dort ist meine Liebe für gutes und selbst gekochtes Essen entstanden. Die Küche meiner Großmutter war fantastisch und ich erinnere mich bis heute an die wundervollen Momente mit ihr am Herd. Es gab stets allerlei aus dem eigenen Garten, es wurde fermentiert und eingeweckt, Brühen und Saucen wurden mit den besten Produkten, die der Schwarzwald zu bieten hatte, angesetzt. Allein wenn ich daran denke, habe ich die Gerüche aus Omas Küche wieder in der Nase und bekomme so ein heimeliges Gefühl im Herzen. In ihrer Küche habe ich mich zu Hause gefühlt. So sehr, dass ich ein paar Jahre später nichts lieber wollte, als Koch zu werden, und ein Praktikum in meinem späteren Ausbildungsbetrieb gemacht habe."

„Wahnsinn", sagt ein sichtlich gerührter Ralf. „Und deine Oma hat vegan gekocht?"

„Nein, gar nicht", lacht Timo.

„Und wie bist du vegan geworden?"

„In ihrer Küche habe ich mich zu Hause gefühlt. So sehr, dass ich ein paar Jahre später nichts lieber wollte, als Koch zu werden, und ein Praktikum in meinem späteren Ausbildungsbetrieb gemacht habe." TIMO

„Die lange Version oder lieber die kurze?"

„Lange!"

Timo holt Luft.

„Irgendwann war ich dann im Adlon. Altehrwürdig und voller Legenden und Mythen hat das Haus bis heute seinen Charme und vor allem seine Klasse gehalten. Luxus pur, egal, wohin man schaut."

„Ich kenne das Adlon", sagt Ralf, aber Timo ist nicht zu bremsen.

„Allein mit meinen Erlebnissen aus diesem Kapitel meiner Kochlaufbahn könnte ich ganze Romane füllen, denn das, was ich hier er- und überlebt habe, reicht locker für fünf Leben. Aber das Wichtige ist, dass dieses Kapitel der Auslöser für mein ‚zweites Leben' gewesen ist. Ich habe damals in Berlin einen äußerst ungesunden Lebensstil geführt und sehr schnell sehr viel zugenommen. Kein Wunder: Zu diesem Zeitpunkt war für mich alles, was zum Beispiel unter 400 Gramm Carpaccio lag, keine Portion Fleisch. Fleisch war für mich eh immer ambivalent, denn ich habe schon als Kind geahnt, dass es nicht richtig sein kann, Tiere zu streicheln und sie trotzdem zu essen. Doch das hatte ich für eine Weile vergessen, denn in der Küche vom Adlon ging es nicht um Tierliebe oder Nachhaltigkeit, sondern einzig und allein um das perfekte Produkt. Viel Arbeit und dazu eine schlechte Ernährungsweise mit viel fettigem Fast Food haben mich in kurzer Zeit zu einer, wie ich so oft und gerne sage, Mugel – halb Mensch, halb Kugel – gemacht. Es war nur eine Frage der Zeit, bis der große Knall unweigerlich kommen würde. Als mein Herz-Kreislauf-System schließlich versagte, wog ich ‚stolze' 160 Kilogramm. Erst da habe ich verstanden, dass es so nicht weitergehen kann und ich mein Leben dringend ändern musste."

„Kreislaufkollaps?", fragt Ralf.

„Kurz vor dem Exitus", antwortet Timo. **„Meine wichtigste Motivation war jetzt die eigene Gesundheit, aber auch meine große Tierliebe hat mich angetrieben und ich habe beschlossen, mich fortan vegan zu ernähren, vegan zu kochen und zu leben.** Ich wollte zeigen, dass eine Küche ohne tierische Lebensmittel keinesfalls bedeutet, auf deftige und anspruchsvolle Gerichte verzichten zu müssen."

„Genau zu dieser Zeit haben wir uns kennengelernt", sagt Ralf und Timo nickt.

„Das kann ich dir sagen: Man hat einfach länger was davon, weil man länger lebt!"
„Bäm!", sagt Timo.
„Bäm!", sagt Ralf.

„Dank deines Trainingsprogramms habe ich einen guten Teil meines unerträglichen Gewichts verloren."

Ralf legt einen rund 35 Kilo schweren Arm um Timos Schulter.

„Und den Rest holen wir uns auch noch!"

„Das Thema Gewicht ist eben auch so eine Sache bei veganer Ernährung", sagt Timo. „Die Leute denken ja immer, dass sie in Nullkommanix vom Fleisch fallen könnten, was auf der anderen Seite bedeutet, dass sie ohne Anstrengung wahnsinnig leicht abnehmen können."

Ralf fällt sofort ein.

„Sein Gewicht selbst zu bestimmen, erfordert doppelte Disziplin. Ernährung und Sport. Die Kombination ist wichtig. Und ich sage ganz sicher: Vegane Ernährung ist dem Muskelaufbau absolut nicht abträglich, eher im Gegenteil. Und es hat, wenn man denn Muskeln aufgebaut hat, einen ganz gewaltigen Vorteil."

„Welchen?", fragt Timo.

„Das kann ich dir sagen: Man hat einfach länger was davon, weil man länger lebt!"

„Bäm!", sagt Timo.

„Bäm!", sagt Ralf.

„Also", sagt Timo, „ich kann den Leser:innen dieses Buches versprechen, dass sie hier Rezepte finden, bei denen sie gar nicht merken, dass sie jetzt vegan essen." Er lacht. „Und, so sprach der Koch, es wird dir an nichts mangeln!"

Ralf fällt ein. „Und der Sportler kann das nur bestätigen."

„Und", fragt Timo, „was muss jetzt noch über dich in das Vorwort? Irgendwelche Hollywoodaffären, von denen bislang keiner weiß? Ein paar Insider?"

Ralf schüttelt den Kopf.

„Da ist nichts."

„Alter!", ruft Timo. „Wie langweilig ist denn dann bitte Hollywood?"

„Was meinst du, warum ich so oft in Recklinghausen bin?", lächelt Ralf. „Aber mal im Ernst: Die USA sind, was vegane Ernährung angeht, Deutschland und Europa um Meilen voraus. Da führt auch keiner mehr Diskussionen darüber, ob ein veganes Würstchen Würstchen oder ein veganer Burger Burger heißen darf. In den Supermärkten gibt es ganze Abteilungen für Veganer:innen und die Menschen haben deutlich weniger Angst davor. Wir beide sind hier noch eher die Vorhut der veganen Armee. Deswegen gefällt mir der Titel ‚Vegan Gladiators' auch so gut."

Während Ralf einen Schluck Tee nimmt und Timo seinen inzwischen eiskalten Espresso trinkt, kommt der Lachs-und-Rührei-Vater suchend an ihrem Tisch vorbeigelaufen. „Entschuldigung", sagt er, „haben Sie zufällig meine Freundin gesehen?"

„Leider nein", grinst Timo und Ralf schaut lieber ganz woanders hin. Gerade als Timo ihn ansprechen will, kommt Mario noch einmal. Auf der einen Hälfte seines Tellers befinden sich jetzt Tomaten, Gurken und Früchte, auf der anderen gebratener Speck.

„Hey", sagt er, „ich glaube, ich werde euer Buch kaufen und es mal vegan probieren. Aber langsam. Jeden Tag ein bisschen."

„Ja", sagt Ralf, „warum nicht. So habe ich auch mal angefangen."

Mario stopft sich zufrieden eine Tomate in den Mund und zieht von dannen.

„Wie hat es denn eigentlich bei dir angefangen und wie wirkt es sich aus?", fragt Timo.

„Das würde ich gern ausführlich in dem Teil des Buches beschreiben, der nach dem Vorwort kommt", sagt Ralf.

„Apropos Vorwort: Eigentlich haben wir alles besprochen, was da rein soll, aber wie schreiben wir das denn jetzt?"

„Ja", sinniert Ralf, „das ist wirklich eine sehr gute Frage."

STELLT EUCH VOR, ES GIBT FLEISCH UND KEINER WILL'S ...

Entdeckt das vegane Universum und vergesst eure Vorurteile!

Nur um am Anfang eines ganz zu klären: Wer die nächsten Seiten liest, könnte denken: „Hä? Der Moeller ist doch Sportler und Schauspieler und kein Ernährungswissenschaftler." Richtig. Isser. Aber das eine schließt das andere nicht aus. Wer gut trainieren will, muss richtig essen. Und da beschäftigt sich der Sportler eben auch mit den Theorien der Ernährungswissenschaft und dann ist es wie in der Schule: Es bleibt immer etwas hängen. Und beim nächsten Mal ein wenig mehr. Und irgendwann so viel, dass man das Gefühl hat zu wissen, worüber man redet. So viel dazu. Und jetzt mal ganz ehrlich: Was spräche gegen eine fleischfreie Variante, wenn sie mindestens genauso gut schmeckt und der Aufwand der Zubereitung vergleichbar mit der der althergebrachten tierischen Version wäre? Stellt euch einfach mal vor, es gibt Fleisch und ihr wollt es gar nicht. Undenkbar?

Wenn ich zwischendurch Wartezeit überbrücken muss, surfe ich schon mal gern im Netz. Bei Instagram bleibe ich bei Timo hängen und verfolge, was er kulinarisch Neues anzubieten hat.

„I cook with wine. Sometimes I even add it to the food", lese ich auf einer dunkelblauen Grafikkachel. Genau mein Geschmack. Und ein bisschen stimmt es auch: Beim Kochen entstehen Wartezeiten und während dieser kann man prima entspannen und zum Beispiel auch ganz bewusst mal ein Glas Wein genießen.

Dankbarerweise hat er das ganze Kochprozedere in kurzen appetitlichen Videos verpackt, die selbst ich nachgekocht kriege.

Timos Rezepte sind der Hammer. Ich verliere mich regelmäßig in seiner Timeline und springe von Clip zu Clip. Dankbarerweise hat er das ganze Kochprozedere in kurzen appetitlichen Videos verpackt, die selbst ich nachgekocht kriege. Okay, ich bin klar im Vorteil, weil ich mit Timo auch schon oft zusammen hinterm Herd gestanden habe. Aber zugegeben: Je nachdem, wie viel ich gerade unterwegs bin, ist mein Kühlschrank auch einfach leer und gibt die Zutaten für spontanes Nachkochen nicht her, bis ich für frischen Nachschub gesorgt habe.

Auch zugegeben: Manchmal fehlen einfach Zeit und Muße für ausgiebige Einkäufe und Küchenschlachten. Mir kommt es zum Beispiel sehr entgegen, dass an meinem Wohnort in Los Angeles eine riesige Auswahl an veganen Produkten und Gerichten in Supermärkten und Restaurants ganz selbstverständlich geworden ist.

Das macht es mir sehr leicht, mich dort komplett vegan zu ernähren. Ich vermisse, vor allem was die schnelle Küche angeht, wirklich nichts und finde zu jeder ehemaligen fleischhaltigen Leibspeise ein pflanzenbasiertes Pendant. Keine Frage, kurz nach der Ernte Verzehrtes – sei es Gemüse, Obst oder Kräuter – ist in Sachen Geschmack, Frische und Nährstoffreichtum nicht zu toppen. Ein tiefgefrorenes Gemüse kann aber zum Beispiel ebenfalls sehr nährstoffreich sein, wenn es direkt nach der Ernte haltbar gemacht wurde.

Wenn die Qualität eines Fertiggerichts beziehungsweise -produkts sehr hoch ist – also die Zutaten unbedenklich und rein sind und einen vernünftigen Nährstoffgehalt hergeben –, spricht überhaupt nichts dagegen, auch mal darauf zurückzugreifen. Das gilt beim Essen ja grundsätzlich, ob vegan oder nicht. Schließlich hat nicht jeder Mensch unbedingt Spaß beim Kochen oder überhaupt die Lust, Neues auszuprobieren. Manchmal mangelt es auch einfach an der Möglichkeit zu kochen. Oder an Talent.

In Europa könnte man es für meinem Geschmack den Menschen noch etwas leichter machen, es mit veganer Küche zu probieren. Vor allem Restaurants haben noch Luft nach oben, in ihren Karten zumindest ein veganes Gericht anzubieten.

Aber auch in Deutschland finde ich zunehmend eine größere Auswahl und Anlaufstellen. Sogar Discounter sind inzwischen schon vielseitiger aufgestellt, was gute vegane Produkte angeht.

In den Kommentarspalten bei Timo gibt es viel Lob und Begeisterung. Ich lasse Herzen da.

Doch auch hier bei Instagram, wo es nur Herzen regnen kann, ist das Haifischbecken nicht weit. Wie man als Veganer zu viel auf den Rippen haben könne, kommentiert jemand. Eine andere Person meint: „Das ist aber alles andere als gesund." Im Clip über den Kommentaren bereitet Timo gerade ein Gericht zu, in der Beschreibung befindet sich eine Zutatenliste.

Ja, wirkt alles ziemlich gefährlich, denke ich. Die Karotte, der Hafer, die Gewürze. Ich muss laut lachen, als ich Timos trockene Antwort auf diesen Kommentar lese:

„Das hat auch keiner behauptet."

Es ist eines der vielen Klischees, das bei veganer Ernährung immer wieder aufploppt: Vegan sei automatisch gleich gesund.

Es ist ganz egal, ob als Fleischesser, als vegetarisch oder vegan essender Mensch: Ungesund ernähren geht in all diesen Disziplinen. Wenn der Speiseplan hauptsächlich aus Pommes frites, Nudeln, Weißbrot, Chips, Erdnussflips, Kuchen, süßen Softdrinks und generell überwiegend aus industriell verarbeiteten Lebensmitteln mit möglicherweise kritischen Inhaltsstoffen besteht, dann mag das zwar vegan sein, aber eben nicht gesund. Es gibt sogar ein Wort dafür: Puddingveganer.

Gibt es eigentlich ein entsprechendes Wort bei Allesessern, die sich ungesund ernähren?

Manchen Leuten kann man es nie recht machen, für manche wirkt das Glas immer halb leer und manche finden immer ein Haar in der Suppe, auch da, wo keines ist.

Wer nicht will, dem ist einfach nicht zu helfen. Ist das wirklich so?

Hätte ich vor 30 Jahren in meinen 30ern zugestimmt, wenn mir jemand prophezeit hätte, ich würde irgendwann kein Hühnchen mehr essen, auf Käse verzichten und auf veganen Blaubeerkuchen stehen?

Timo ist in seinen 30ern, aber schon seit zwölf Jahren kulinarisch vegan unterwegs und ist deshalb auch schon länger die breite Palette der Reaktionen auf die pflanzenbasierte Ernährungsweise gewohnt. In unregelmäßigen Abständen präsentiert er auf seinem Kanal neue Runden „Veganes Bullshit-Bingo". Dabei bekommen gleichermaßen most frequently wie most „freakly" Vorurteilsphrasen in kompakter Form ihre 15 Minuten Ruhm (oder auch ihr Fett weg, könnte man sagen). In seiner Timeline erscheint eine Grafikkachel mit dem Wort „VEGAN", darunter in Lautschrift [VE'gA:N] und der Satz „12 Mal am Tag gefragt werden, woher Man(n) seine Proteine bekommt".

Warum soll ich mich für Schwein entscheiden, wenn eine kleine Erbse ein riesiger Proteinlieferant sein kann?

Die Frage nach dem Protein ist in der Tat eine, die ich mir als Sportler anfangs selbst gestellt habe, als ich beschloss, meinen Fleischkonsum zu reduzieren. Heute ist mir klar: Warum soll ich mich für Schwein entscheiden, wenn eine kleine Erbse ein riesiger Proteinlieferant sein kann?

Ich fing 2018 an, mich an die vegane Ernährung heranzutasten, und begann damit, zuvor gewohnte und selbstverständlich gewordene Lebensmittel nach und nach von der Tageskarte zu streichen. Mittlerweile sind über 80 Prozent meiner Mahlzeiten rein pflanzenbasiert und das Fleisch vermisse ich dabei gar nicht so, aber zu sehr seltenen Gelegenheiten habe ich noch Fisch gegessen. Auch das tendiert aber mehr und mehr in Richtung null.

Wir sind im wahrsten Sinne des Wortes das, was wir essen. Früher oder später zeigt sich, wie wir in uns und unseren Körper investiert haben. Ich vergleiche das gern mit der Rente, in die man im Idealfall schon als junger Mensch beginnt einzuzahlen, um im höheren Alter ein solides Auskommen zu haben. Was und wie viel esse ich? Bleibe ich in Bewegung? Kümmere ich mich um mich? Das sollte man sich immer wieder bewusst machen. Und am Ball bleiben oder eben nachjustieren und den Ball wieder ins Spiel bringen, wenn er mal verloren gegangen ist. Der bodenlose Umgang mit Nutztieren, die Massentierhaltung, der Einsatz von Chemikalien, die Vermüllung der Weltmeere mit Plastik: All das gelangt in irgendeiner Form wieder auf unsere Teller. Wer sich einmal darüber bewusst geworden ist, hat eigentlich keine andere Wahl, als seine Ernährungsweise langfristig zu verändern und tierische Nahrungsmittel zumindest einzuschränken.

Aber genau da, schon bei der Vorstellung, Routinen allgemein und besonders Essgewohnheiten verändern zu müssen und lieb gewonnene Traditionen zu verlieren, reagieren wir extrem emotional. Und wenn der eigene Schweinehund mal wieder zu laut bellt, neigen wir erst recht dazu, viel zu schnell zu sagen: „Das geht nicht – und jenes geht auch nicht."

Immer nur negativ und von vornherein ablehnend auf Ungewohntes und Veränderungen zu blicken, verbaut aber echte Chancen und positive Erfahrungen. Und wenn ich mich immer nur gräme, kann ich mich auch sozusagen krank grämen. **Positives Denken ist ganz, ganz wichtig – egal, was du im Leben angehst.**

Jetzt ist vegane Ernährung nicht unbedingt der Mond, aber für viele ein mindestens genauso unbekanntes Neuland, das entdeckt werden will. RALF

Veränderungen zuzulassen und mal die Perspektive zu wechseln: Das kann man einfach ausprobieren. Und dann mal sehen, denn vielleicht ist das Glas gar nicht mehr halb leer, sondern halb voll. Und vielleicht ja sogar köstlich.

Dieses Beispiel habe ich neulich einem Freund nahegelegt, der meinte, mich auslachen zu müssen. „Ralf", hat er gesagt, „das ist doch Schwachsinn. Du bist Schauspieler und Cineast. Wenn du im Kino in Reihe 16 außen einen Scheißfilm siehst, wird der doch nicht gut, wenn du dich in Reihe 1 Mitte setzt." Natürlich hat er damit Recht. Aber wie wäre es, einfach das Kino zu wechseln und einen anderen Film zu versuchen?

Die vegane Küche kann unwahrscheinlich vielfältig und reichhaltig sein. Und es gibt leidenschaftliche Könner wie Timo, der mit dem Background einer Sterneküche und langer Erfahrung in veganer Ernährung in der Lage ist, ausgewogene und wirklich leckere Gerichte zu kreieren, die für jede:n machbar sind. **Ich kann nur empfehlen: Try this at home!**

Vielleicht ist es am Anfang erst mal nur ein veganes Gericht pro Woche, ein Herantasten, wie ich es gemacht habe. Dann fällt es schon leichter, mal einen ganzen veganen Tag in der Woche einzubauen und einfach mal zu schauen, was das mit einem macht. Eine Woche lang, einen Monat lang. Step by step.

„That's one small step for (a) man, one giant leap for mankind!", sagte mal ein berühmter Astronaut der NASA, als er völlig neues Terrain betrat, indem er seinen Fuß auf die Oberfläche des Mondes setzte. Jetzt ist vegane Ernährung nicht unbedingt der Mond, aber für viele ein mindestens genauso unbekanntes Neuland, das entdeckt werden will. Schon jeder einzelne Schritt in diese Richtung fällt im wahrsten Sinne des Wortes ins Gewicht – für einen selbst, für die Umwelt und die Tierwelt. Es muss nicht immer sofort ganz oder gar nicht sein. Den Mond hat die Menschheit schließlich auch noch nicht besiedelt.

Ich scrolle mich weiter durch Timos Timeline und bleibe an einer anderen Grafikkachel hängen. **„Ich bin vegan, weil ich für das Leben bin. Für die Tiere, für die Menschen, für den Planeten."**

Das kann ich voll und ganz unterschreiben, aber das geht auf Instagram ja nicht, also lasse ich ein Herz da.

VON GLADIATOR ZU GLADIATOR

Kamera läuft. Und Action!

Normalerweise stehe ich als Schauspieler in Filmen und Serien vor der Kamera, manche haben mich vermutlich als Hagen in dem Monumentalfilm „Gladiator" abgespeichert. Manch einer erinnert sich vielleicht noch an meine allererste Filmrolle überhaupt, als ich dem legendären „Schimanski" Götz George im „Tatort" links und rechts eine verpasst habe. Mit einem Apfel zwischen den Zähnen versteht sich. Knackiges Obst hat es mir schon früh angetan, wie man sieht. (Wer eine Zeitreise machen will: Der Ausschnitt ist immer noch auf Youtube zu finden. Bitte seid gnädig, es war das erste Mal in meinem Leben, dass ich vor einer Filmkamera stand.) Da ich mich aber auch für Kinder- und Jugendprojekte engagiere und rund um Sport- und Ernährungsthemen als Botschafter agiere, stehe ich heutzutage manchmal auch in diesen Kontexten vor der Kamera.

So wie an diesem Drehtag für einen Werbeclip, bei dem es um veganes Essen geht. Gespannte Stille im Studio, als hielten alle synchron den Atem an. Ich befinde mich in meiner Rolle und spiele. Im Trainingsanzug, halb liegend, halb sitzend, wende ich mich auf dem Sofa meinem Drehpartner zu und erkläre ihm eindringlich, dass er alles haben kann, wenn er will. Und dass ich gar nicht seine Frau bin, sondern Ralf Moeller, wenn er will. „Und wir sind gar nicht im Wohnzimmer, sondern im Gym und trainieren für das Spiel."

Im fertig geschnittenen Clip sind er und ich beim letzten Halbsatz schon nicht mehr auf dem Sofa zu sehen, sondern durchschreiten eine Muckibude. Diese Szene haben wir schon früh am Morgen abgedreht.

Der Oberarm des Kameramanns spannt unter dem Gewicht seines Arbeitsgeräts. Könnte ich an seinem Bizeps ertasten, wie er sich ernährt? Viel Fleisch?

Vegetarisch? Vegan?

Die Regie gibt grünes Licht und ist zufrieden. Wir wechseln zur Bettszene, wo ich mich in Bauchlage den Satz sagen höre: „Okay, dann sind wir halt wieder zu Hause. Und dann ist wieder alles beim Alten." Mein Drehpartner fragt erstaunt, was aber denn jetzt mit seiner Frau sei, und ich lasse ihn – wie es das Skript vorsieht – wissen: „Tja, du kannst nicht alles haben."

Damit ist für heute die letzte Szene im Kasten. Mitarbeiter:innen des Drehteams, die mit etwas Abstand am Fußende des Bettes gestanden und mucksmäuschenstill die Szene verfolgt haben, setzen sich in Bewegung, sammeln Arbeitsutensilien zusammen. Ein geschäftiger Geräuschmix aus Reißverschlussratschen, Taschenpacken, Set-Equipment-Abbau und Gesprächsfetzen füllt das Studio. Ich verlasse das Set, verabschiede mich vom Team und mache mich von Berlin zurück auf den Weg nach Recklinghausen. Wenn es unterwegs keine Verspätungen gibt, schaffe ich noch den Abstecher zur Konditorei meines Vertrauens und bringe Mutter veganen Kuchen mit. Wenn ich das Adjektiv „vegan" weglasse, bemerkt sie keinen Unterschied.

Wenn ich das Adjektiv „vegan" weglasse, bemerkt sie keinen Unterschied.

Es ist früher Nachmittag, der Blick auf die Uhr lässt mich automatisch lächeln. Ein schöner Anblick. Ein Geschenk von Russell Crowe anlässlich des 20-jährigen Jubiläums vom Film „Gladiator".

Ich erfreue mich jedes Mal daran, wenn ich sie trage, und erinnere mich gern an diese außergewöhnlichen Zeiten bei den Dreharbeiten zu einem Film, der 2001 insgesamt fünf Oscars abgeräumt hat.

Die Uhr war eine Überraschung und hat mich per Post erreicht. Einige Zeit vorher hatte sein Management mich angetextet und nach einer Zustelladresse gefragt, ohne zu sagen, warum. Ein paar Tage später kam vormittags ein kleines Paket und ich habe mich riesig gefreut. Noch mehr, als sich Russell nachmittags bei mir persönlich gemeldet hat.

Wir kennen und mögen uns, haben im Alltag aber nicht viel miteinander zu tun. Ich war also genauso erfreut wie überrascht über seinen Anruf und war richtig gerührt, als ich erfahren habe, dass er exakt so viele Uhren in Italien hat fertigen lassen, wie er während der Dreharbeiten Lebensjahre vorzuweisen hatte. (Russell war 35 Jahre alt, als die Dreharbeiten liefen, und einer der Oscars ging an ihn in der Hauptrolle des römischen Feldherren Maximus Decimus Meridius.)

Ein saucooles Geschenk für die engsten Kolleg:innen des Filmstabs als Erinnerung. Ich habe mich sehr geehrt gefühlt.

„Rufst du jetzt alle der Reihe nach an?", habe ich ihn gefragt.

„Nein", hat er gelacht, „nur dich."

„Wie komme ich zu der Ehre?"

„Du kannst mir helfen."

„Wie?"

„Ich komme nicht von meinem aktuellen Gewicht runter."

Als Schauspieler gehört es dazu, für eine Rolle auch mal an

„War veganer Kuchen, Mutter", sage ich. „Ist noch was da?", fragt sie. RALF

Gewicht zuzulegen oder auch sehr viel abnehmen zu müssen. Russell hat beides schon für ganz unterschiedliche Filmproduktionen hinter sich. Für die Rolle in „Der Mann, der niemals lebte" hat er sich 2009 schon mal über 25 Kilo angefuttert und es bei 1,82 Metern Körpergröße auf 117 Kilo gebracht. Für seine Rolle in „The Loudest Voice" 2019 musste er wieder richtig zulegen und hat nun echte Gewichtsprobleme.

Zum Zeitpunkt unseres Gesprächs hat er um die 130 Kilo auf die Waage gebracht und sich ganz offensichtlich schon länger gar nicht gut damit gefühlt. 130 Kilo entspricht ziemlich genau meinem alten Wettkampfgewicht als Bodybuilder anno 1986. Ich weiß, dass eine Veränderung mit Training allein nicht zu schaffen ist. Und das sage ich als Typ, der immer schon Sport gemacht hat – ob als Schwimmer, beim Boxtraining oder eben extremer praktiziert im Bodybuilding.

Ich habe mit Russell offen geredet. Mir war klar, dass er das, was ich ihm gesagt habe, auch schon von anderen gehört haben muss. Aber man hört ja nicht immer gern, was man so hört, und deswegen war es wohl gut, dass es jemand ausgesprochen hat, den er mag. Ich habe ihm gesagt, dass es mit Training allein nicht zu schaffen ist. Dass unser ganzes System, der Stoffwechsel mit über 50 nicht mehr so wie in den 20ern oder 30ern abläuft. Dass es eine Weile länger braucht, aber das Wichtigste: dass gut und gerne 80 Prozent von unserem gesundheitlichen Status quo von unserer Ernährung abhängen können. Ganz egal, in welcher Altersklasse man sich befindet. Ein 20- oder 30-jähriger Mensch kann Bewegungsdefizite und ungünstige Ernährungsgewohnheiten nur besser kompensieren, aber eben auch nicht für ewig.

Zum Zeitpunkt des Gesprächs habe ich mich bereits seit zwei Jahren auf veganen Pfaden befunden und erstaunlich positive Veränderungen festgestellt. Ich war nie unfit und will niemanden zu irgendwas bekehren. Aber mit über 60 fühle ich mich inzwischen fitter als in meinen 40ern – und das habe ich Russell mit auf den Weg gegeben.

Als ich das nächste Mal an diesem Tag auf die Uhr blicke, muss ich wieder lächeln. Mutter angelt sich die letzten Krümelreste vom Kuchen, indem sie sie zwischen Teller und Gabelzinken platt drückt. „War veganer Kuchen, Mutter", sage ich.

„Ist noch was da?", fragt sie.

VEGANIZE IT!

Auf die harte oder sanfte Tour.

Der Ruhrpott ist ohne Currywurst ungefähr so wie Bankdrücken ohne Bank oder wie ein deutsch-englisches Fußballspiel ohne Elfmeterschießen. Das Elsass ohne Flammkuchen so vorstellbar, wie einen 911er vor der Tür stehen zu haben, für den man keinen Führerschein hat. **Die Nordseeküste ist ohne Krabben und Fischbrötchen so authentisch wie Synchronschwimmen als Einzelperson.**

Jede:r, wirklich jede:r, kennt mindestens ein Gericht, mit dem man ein Land, eine Region oder das eigene Zuhause verbindet. Sonntage. Familienfeste. Ein Leibgericht, das seit der Kindheit begleitet. Das Kalbsschnitzel mit Pommes, die Nürnberger Würstchen mit Sauerkraut und Kartoffelstampf, das Spiegelei auf Brot. Etwas, das schon immer aufgetischt wurde. Ein Gericht, mit dem Emotionen und Erinnerungen verbunden sind.

Haben wir nicht alle, teilweise schon vor der Fähigkeit, einen vollständigen Satz sprechen zu können, dieses kleine rosafarbene Röllchen namens Fleischwurst über die Metzgertheke gereicht bekommen und einfach reingebissen?

Klar kann man sagen: „Auf diese Klassiker kann ich unmöglich verzichten, deshalb ist vegane Ernährung nichts für mich." Die gleichzeitig schlechte und gute Nachricht lautet in diesem Fall: All diese Klassiker gibt es auch in richtig leckeren veganen Versionen.

In meinem Elternhaus in Recklinghausen standen Currywurst, Rouladen und Königsberger Klopse hoch im Kurs und es wäre gelogen, wenn ich heute sagen würde, dass ich diese Gerichte nicht gern gegessen hätte. Aber Zeiten ändern sich, eigene Lebensumstände genauso wie der wissenschaftliche Kenntnisstand zur Ernährung. Als Sportler habe ich mich schon immer damit beschäftigt, mich möglichst ausgewogen zu ernähren, damit eine Versorgung mit allen Nährstoffen

Ich fand ihn wahnsinnig lecker und es war für mich großartig, dass meine Mutter vom klassischen Rezept abgewichen war und eine eigene und wettkampffreundliche Kreation etabliert hatte. RALF

sichergestellt ist. Und wie die meisten Menschen und vor allem Sportler war ich damit aufgewachsen, dass wir Fleisch brauchen, um groß und stark zu werden. Ohne tierisches Eiweiß keine Proteine, ohne Proteine kein Muskelaufbau – so lautete die Gleichung jahrzehntelang.

Je nach Trainingsphase gab es bei mir immer auch Zeiten, in denen manche Nahrungsmittel sogar komplett tabu waren. Zum Beispiel Zucker (von dem ich ohnehin nur abraten kann, das gilt auch für zuckerhaltige Getränke und generell gezuckerte Produkte, die keines Zuckers bedürfen). Ich erinnere mich an einen speziellen komplett zuckerfreien Käsekuchen, den meine Mutter extra für mich gemacht hatte: Er hatte keinen Boden und bestand aus einer Quark-Zitronen-Masse. Ich fand ihn wahnsinnig lecker und es war für mich großartig, dass meine Mutter vom klassischen Rezept abgewichen war und eine eigene und wettkampffreundliche Kreation etabliert hatte. So konnte ich trotz strenger Trainingsphase überhaupt Kuchen genießen.

In anderen Dingen fällt es wiederum gar nicht so leicht, vom Protokoll abzuweichen. Bei meinen preußisch geprägten Eltern etwa, wenn es um das Mittagessen ging.

Das findet statt. Da kann kommen, was will. Zum Beispiel ein heißer Sommer, extreme Hitze, der einzige Sohn, der aus L.A. anreist und für ein paar Wochen zu Besuch ist.

Im sonst eher kühlen Haus drückt sich die Hitze von draußen langsam durchs Gemäuer in die Räume. Es ist sehr heiß.

Kurz vor Mittag fragt Vater (Westpreußen) Mutter (Ostpreußen), wie es um das Mittagessen steht. Und damit ist natürlich eine warme Mahlzeit gemeint.

Ich war ja immer fit und im Training, dennoch stelle ich fest: Mit über 60 Jahren fühle ich mich heute fitter als in meinen 40ern. Und nach inzwischen gut vier Jahren veganer Praxis weiß ich, dass ich gesundheitlich von der pflanzenbasierten Kost profitiere. RALF

Es ist eigentlich zu heiß zum Essen, es ist zu heiß für alles. Aber das scheint ihnen egal zu sein. Denn so wird das eben immer schon gemacht.

„Müsst ihr jetzt wirklich was essen?", frage ich meinen Vater.

„Come on, ihr habt doch nicht wirklich Hunger?", wende ich mich an meine Mutter. Beide nicken und sehen dabei gleichzeitig ertappt und aus dem Konzept gebracht aus. Als ich eine Dreiviertelstunde später die leeren Schalen, in denen sich eben noch Wassermelonenstücke mit Erdbeeren befanden, abräume, blicke ich in zufriedene Gesichter. Die fleischfreie Kaltspeise hat offenbar geschmeckt und war sättigend.

Bei früheren Besuchen hatte ich in ihrem Haushalt nach und nach die Kuhmilch durch Pflanzendrinks etwa auf Hafer- oder Reisbasis ersetzt. Und ein paar Monate zuvor hatten wir mittags bereits Königsberger Klopse, ein anderes Mal Currywurst und wieder ein anderes Mal Rindsrouladen, allerdings wusste nur einer von uns, dass es komplett vegane Versionen der Gerichte waren, die aufgetischt wurden.

„Sehr gut", sagte Vater.

„Lecker", sagte Mutter.

Und ich denke mir: Vegan ist, wenn du trotzdem schmatzt.

Während ich mich also mit damals Ende 50 auf die Reise in den Kosmos veganer Ernährung begeben habe, sind meine Eltern als seinerzeit über 80- und fast 90-Jährige ein Stück weit mit an Bord gekommen und wurden, wenn auch nicht ganz freiwillig, Komplizen meiner veganen Mission.

Vielleicht ist es nicht die feine Art, seinen Liebsten etwas unterzujubeln. Andererseits gelingt es manchmal nicht, eigene Routinen und Gewohnheiten allein zu durchbrechen, und man hält an ihnen fest, ohne sie jemals auf den Prüfstand zu stellen. Aus Bequemlichkeit, Gewohnheit, Unwissenheit, warum auch immer. Dann braucht es jemanden, der einen anstößt, auch wenn man vielleicht gar nicht darum gebeten hat. Auch ich hatte so jemanden. Und der brachte mich auf die vegane Spur. Aber gewissermaßen auf die harte Tour. Denn statt mit erfrischend süßen Wassermelonen und Erdbeeren fütterte er mich und mein Smartphone kontinuierlich mit ziemlich bitteren bis grausamen Inhalten aus der Welt der (Massen-)Tierhaltung. Mein Blick auf tierische Nahrungsmittel und auf Ernährung generell sollte sich dadurch grundlegend ändern.

Franco Carlotto, sechsfacher Mr. World Fitness, Fitness- und Ernährungscoach, Trainer, Berater (unter anderem des US-Gesundheitsamts), Buchautor und Initiator von „Fitness for Kids" in der Schweiz, ist ein guter Freund, der ganz in meiner Nachbarschaft in L.A. lebt. Wir trainieren öfter zusammen, gehen gemeinsam essen oder drehen auch mal eine Runde mit seinem (meinem Paten-) Hund Dexter. Franco hat schweizerisch-italienische Wurzeln und ist deshalb sozusagen mit Käse- und Pastaspezialitäten groß geworden. Und wie ich und ganze Generationen mit dem Mythos, dass man nur mit Fleisch und Milch groß und stark wird. Für seine Hartnäckigkeit bin ich ihm bis heute dankbar.

Was tun wir Menschen den Tieren an? **Ist Tierisches für den Menschen überhaupt ein notwendiges Lebensmittel?** Und wie könnte darüber hinaus etwas Lebendes, das so dramatisch schlecht behandelt und krankgezüchtet wird, für uns Menschen ein gesundes Lebensmittel sein? Ich mache es nicht auf die harte Tour, hoffe aber, mit meinen rundherum positiven Erfahrungen andere motivieren zu können, sich mit ihrer Ernährungsweise zu beschäftigen und es mal mit veganer Ernährung zu versuchen.

MEIN ERSTES MA(H)L

In guter Gesellschaft.

Veganer:innen sind blass, zu dünn und bekommen nicht genug Nährstoffe. Sie sind zu schwach, im Sport was zu reißen, und sprengen wegen ihres komplizierten Speiseplans jedes gesellige Dinner. Sie sind das Gegenteil von Genussmenschen, bedauernswert und einfach unsexy. Ganz eure Meinung?

So ähnlich dachte ich bis zu meinem unverhofft ersten veganen Ma(h)l auch. Eines schönen Tages sitze ich in Düsseldorf in einer Runde mit Freunden, als die Frau eines Freundes erwähnt: „Ich bin Veganerin."

Schwach, blass und bedauernswert sind so gar nicht die drei Adjektive, die mir als Erstes zu ihr einfallen würden. Sie ist attraktiv, sportlich und wirkt fröhlich. Ich höre mich trotzdem sagen: „Du Ärmste." Und meine es auch so. Voll rein ins Klischee.

Sie nimmt es mit Humor und lächelt freundlich. Und bietet Kuchen an. „Der ist vegan", sagt sie.

Keine Butter, keine Milch, denke ich, kann das schmecken?

Wir trinken Kaffee, plaudern, genießen ein Stück Kuchen, plaudern, ich genieße noch ein Stück Kuchen und denke, verdammt guter Kuchen ist das, und hinterlasse meinen Teller blanker, als er nach zwei Runden in der Spülmaschine aussehen könnte. Ich lächle freundlich und möchte es mit Humor nehmen. Aber eigentlich ist mir mein Kommentar von vorhin jetzt ein bisschen unangenehm.

Warum eigentlich dieses Klischeedenken von spaßbefreiten und genusslosen Veganer:innen?

Warum dieses Klischeedenken von spaßbefreiten und genusslosen Veganer:innen?

Es ist ja nicht so, dass ich nicht auch als Allesesser Mahlzeiten ohne Fleisch und andere tierische Zutaten gehabt hätte. Salate, Leipziger Allerlei, Spargel, etliche Gerichte, die auf Gemüse, Kräutern, Gewürzen basieren und mit Reis oder Pasta daherkommen. Fällt alles in die Kategorie „pflanzliche Nahrungsmittel". So ungewöhnlich ist ein veganes

Essen also gar nicht, sondern immer schon da gewesen – eben auch im Alltag von Fleischessern, ausgenommen diejenigen, die sogar zu jeder einzelnen Mahlzeit eines Tages Fleisch oder Tierprodukte essen. Nur weil es nicht vegan genannt wurde, ändert es nichts daran, dass es vegan ist.

Heutzutage begegnet einem der Begriff „vegan" überall, entsprechende Produkte werden zur leichteren Erkennbarkeit immer häufiger mit einem V-Label versehen und gleichzeitig wird die vegane Ernährungsweise noch viel zu oft als vorübergehender Trend abgetan. Warum halten sich Vorurteile gegenüber veganer Ernährung und Menschen, die sich dafür entscheiden, so hartnäckig? Ist der Gedanke daran, ohne Döner und Chicken Wings durchs Leben zu gehen, so erschreckend wie Nikotinverzicht für Zigarettenkonsumenten? Macht die Vorstellung Angst, dass man bei Verabredungen zum Essen als Außenseiter:in enden könnte?

Nachdem Franco Carlotto mich immer weiter mit unverlangt eingesandten Informationen versorgt und für die vegane Ernährung wirbt, beginne ich, mich intensiver umzuschauen, wer sich eigentlich auch so ernährt. Ich weiß, dass Regisseur James Cameron schon lange dabei ist, seit 2012, genau wie seine Ehefrau, die Schauspielerin Suzy Amis. Schnell stelle ich fest, in welch prominenter Gesellschaft man sich inzwischen als bekennender Liebhaber der veganen Küche befindet. Einer der berühmtesten Verfechter veganer Kost ist wohl der Schauspieler Joaquin Phoenix, mit dem ich im Film „Gladiator" spielte. Er isst, seit er drei Jahre alt war, ausschließlich vegan. Sehr viele andere Schauspieler:innen, aber auch jede Menge Sportler:innen und Musiker:innen – ich entdecke mehr Menschen, als ich vermutet hätte. Rockmusiker und Fotograf Bryan Adams wurde mit 28 Jahren Veganer, Singer-Songwriterin Billie Eilish spricht sich lautstark dafür aus. Patrik Baboumian ist stärkster Mann Deutschlands und isst zu 100 Prozent vegan, Schauspieler, Filmemacher und Stuntman Jackie Chan, Formel-1-Weltmeister Lewis Hamilton, Tennisass Novak Djokovic, Topleichtathlet Carl Lewis, die Schauspielerin Anke Engelke, der Schauspieler Benedict Cumberbatch, die Tennisspielerinnen und Schwestern Venus und Serena Williams ernähren sich zeitweise vegan, ebenso der Musiker Lenny Kravitz ... Die Liste derer, die sich ganz oder überwiegend vegan ernähren, wird immer länger. Auch Arnold Schwarzenegger macht sich für die vegane Ernährung stark.

Die Gründe mögen individuell sein, die Auswirkungen sind dagegen bei allen gleich – egal, ob Frau, Mann, jünger oder älter:

Wer sich vegan ernährt, entscheidet sich aktiv gegen Tierleid, unterstützt Umwelt- und Klimaschutz und tut, richtig umgesetzt, etwas für seine Gesundheit.

Wer sich vegan ernährt, entscheidet sich aktiv gegen Tierleid, unterstützt Umwelt- und Klimaschutz und tut, richtig umgesetzt, etwas für seine Gesundheit.

Die Tatsache, dass Sportler:innen, trotz oder wegen ihrer pflanzenbasierten Ernährung Höchstleistungen erbringen, begegnet mir beim Beschäftigen mit dem Thema immer wieder. Das ist etwas, das mich brennend interessiert. Wie soll das ohne tierisches Eiweiß funktionieren? Ich trainiere zwar nicht mehr wie zu Bodybuildingzeiten in den 1980er-Jahren, habe aber täglich mindestens eine Stunde Kraft- und Ausdauer-Work-outs im Fitnessstudio und ich fahre auf dem Bike.

Franco Carlotto wird nicht müde, mir Videos und Berichte zu schicken. Die furchtbaren Bilder und schrecklichen Schreie der Tiere, die unvorstellbar grausamen Bedingungen dieser Art von Lebensmittelherstellung: All das setzt sich in meinem Kopf fest. Ich will das nicht unterstützen. Aber was ist mit der Frage zur Notwendigkeit von tierischem Eiweiß im Zusammenhang mit Sport?

Eigentlich muss ich mir meinen Freund nur anschauen und weiß: Schwach, blass und bedauernswert sind auf jeden Fall auch bei ihm nicht die drei Worte, die mir in den Sinn kommen.

VEGAN GLADIATORS – MEIN VEGANER ZWILLING

Der Bizeps steht.

Wenn ich heute danach gefragt werde, ob ich mit dem veganen Essen nicht Probleme hätte, ausreichend Proteine zu bekommen, zeige ich einfach einen meiner Oberarme. Fühlt sich manchmal an wie in einer berühmten Haarspray-Werbung aus den 1990er-Jahren.

Recklinghausen. Windstärke fünf. Der Bizeps sitzt. Berlin. Umsteigen bei Regen. Der Bizeps hält.

Mit dem Flieger über den Atlantik. Los Angeles. 30 Grad. Die Sonne brennt. Der Bizeps bleibt geschützt.

Als ich in meinen 20ern war, hatte man mir prophezeit, dass mit über 50 der Bizeps abbauen würde. Genau genommen hieß es: „Dann hängt dem Moeller der Bizeps in den Kniekehlen!" Aber weder hängt der Bizeps in den Kniekehlen noch ich in den Seilen. Und das kommt nicht von nichts. Ich habe schon immer viel Sport getrieben, mich fit gehalten und auch auf die Ernährung geachtet. Nährstoffe im Auge zu behalten und kontinuicrlich für cine ausreichende Vitamin- und Proteinzufuhr zu sorgen, begleitet mich also schon ein Leben lang. Gerade vor Wettkämpfen stand früher dabei eben täglich tierisches Eiweiß auf dem Speiseplan, wie es zum Beispiel in Hühnerfleisch und Fisch enthalten ist.

Dass es ganz ohne tierische Proteine geht, war damals noch kein Thema. Mit Anfang 20 war mir auch noch nicht bewusst, dass das körperliche Training maximal 30 Prozent, die Ernährung aber den Löwenanteil ausmacht. Ernährung ist etwas, das sich langfristig bemerkbar macht. Es treten nicht direkt von heute auf morgen Veränderungen ein. **Ich war ja immer fit und im Training, dennoch stelle ich fest: Mit über 60 Jahren fühle ich mich heute fitter als in meinen 40ern. Und nach inzwischen gut vier**

Jahren veganer Praxis weiß ich, dass ich gesundheitlich von der pflanzenbasierten Kost profitiere. Die ersten positiven Auswirkungen nach der Ernährungsumstellung waren bereits nach kurzer Zeit messbar, denn schon nach wenigen Wochen hatten sich meine Blutfett- beziehungsweise Cholesterinwerte und auch meine Kraftwerte beim Training verbessert. Eine ganze Reihe weiterer erfreulicher Begleiterscheinungen trat ein. **So ergab ein Test, dass mein biologisches Alter dem eines 39-Jährigen entspricht, mit 60!** Auch mein Gewicht ging etwas runter, auf 115 Kilogramm, und mein Körper ist heute insgesamt definierter.

Was auch sehr angenehm ist: Der Körpergeruch veränderte sich, er ging insgesamt zurück. Das betrifft übrigens auch das „Geschäft", das nicht mehr – warum drumherum reden – an Verwesung erinnert. Denn dieser unangenehme Geruch entsteht tatsächlich durch die Verstoffwechselung von tierischem Eiweiß. Wenn der Körper kein tierisches Eiweiß „verarbeiten" muss, riecht er nicht nur besser, es geht ihm meistens auch besser. In einem Schlachthaus riecht es eben nicht wie in einem Gewächshaus.

Mit einem höheren Anteil von Pflanzenkost und Ballaststoffen kann sich die ganze Verdauung normalisieren. Ballaststoffe – sogenannte langkettige Kohlenhydrate – befinden sich hauptsächlich in Obst, Gemüse, Hülsenfrüchten und Vollkornprodukten. Sie sind ein bisschen wie mehr oder weniger höfliche Türsteher eines Nachtclubs, die Unruhestifter nach draußen begleiten. Ballaststoffe selbst sind nahezu unverdaulich für den Darm, sorgen aber für ein Sättigungsgefühl, eine gute Verdauung und damit auch dafür, dass Nahrungsgifte schneller ausgeschieden werden. Mit dem hohen Konsum von Fleisch und Molkereiprodukten wie Milch und Käse übersäuern wir uns außerdem regelrecht, das belastet die Nieren und kann im Dauerzustand zu Muskelverlust führen. Sauer macht also alles andere als lustig. Zumindest nicht in diesem Zusammenhang.

Die Liste der gesundheitlichen Vorzüge einer ausgewogenen veganen Ernährung ist lang und reicht von A wie Abwehr stärken bis Z wie Zuckerwerte verbessern.

Mittlerweile gibt es zahlreiche Studien und Untersuchungen, die den möglichen Benefit, den man durch pflanzenbasierte Ernährung erhalten kann, dokumentieren.

Dank Timo könnte ich inzwischen, wenn jemand darauf bestünde, eine tolle Mousse au Chocolat hinbekommen, ganz ohne Eischnee.

Mit Timo Franke teile ich nicht nur die Leidenschaft für leckeres Essen und guten Wein, sondern auch die positiven Erfahrungen durch das Weglassen tierischer Nahrungsmittel. **Man sieht es uns vielleicht nicht auf einen Blick an und es mögen uns 28 Jahre und ein paar Zentimeter trennen, aber insgeheim sind wir Zwillinge.**

Und auch wenn ich der mit den 196 Zentimetern Körpergröße bin, Timo ist für mich the real Gladiator unter den veganen Köchen und verantwortlich dafür, dass selbst ich mich manchmal hinter dem Herd wiederfinde. **Alles, was vegane Küchenpraxis betrifft, habe ich von ihm gelernt.** Es ist kein Geheimnis, dass ich lieber esse als koche, aber Timo hat es trotzdem geschafft, dass ich mich an Vor-, Haupt- und Nachspeisen gewagt habe. Sagen wir so: Er kocht mit Leidenschaft, ich mit Muskelkraft. Wer mich kennt, weiß, dass ich immer für ein süßes Dessert zu haben bin. Dank Timo könnte ich inzwischen, wenn jemand darauf bestünde, eine tolle Mousse au Chocolat hinbekommen, ganz ohne Eischnee (ein Hoch auf Aquafaba und Avocado) oder einen New York Cheesecake zaubern, ohne ein einziges Molkereiprodukt zu brauchen.

Wenn man wissen will, wie man sich ohne viel Aufwand einen Vorrat selbst zubereiteter veganer Basics anlegen kann, der einen – auch unterwegs – durch die Woche bringt: Timo is the man!

Timo kommt aus einem kleinen Weinort im Schwarzwald und wollte eigentlich mal Werbeschild- und Leuchtreklametechniker werden. Wir können alle sehr dankbar sein, dass er damals keinen Ausbildungsplatz fand.

Heute erstrahlt sein eigenes Werbeschild in Berlin, wo er solo und als Mitgründer und Co-CEO unter dem Dach von „vegan.united" mit viel Herzblut im veganen Food-Bereich agiert. Als Koch, Berater, Rezept- und Produktentwickler für Unternehmen. Er veranstaltet Dinner-Events, ist auf Streetfood-Festivals präsent und regelmäßig in Kochshows zu sehen. Timo entwickelt unermüdlich Gaumenfreuden und hat bereits ein Kochbuch namens „Radikal rustikal" herausgebracht. Der Name ist Programm, in seiner Küche darf, nein, muss es auch mal deftig oder süß zugehen.

Zwiebelrostbraten und Gulasch lassen grüßen. Wer vielleicht wirklich wissen will, wie man Käsespätzle richtig lecker vegan hinbekommt, kann uns einfach mal über die Schulter gucken (für Lidls veganes Kochstudio machten wir gemeinsame Sache vor der Kamera, zu finden bei Youtube). Timo ist der Typ, der nicht lange fackelt. Auch das haben wir gemein. Als ich 2020 an meinem Buch „Erstma' machen" arbeitete, fragte ich ihn spontan nach zwei, drei veganen Rezepten, die die geneigte Leserschaft zum Ausprobieren verführen sollen. Eine Kaffeetassenlänge später habe ich sie auf dem Bildschirm. Ich weiß nicht, wann er das alles macht, aber es passiert etwa im selben Tempo, wie er Zwiebeln hackt.

Timo liebt die bodenständige Küche seiner Oma und begeistert sich schon als Teenager fürs Kochen. In den 2000er-Jahren „hängt" er dem Fernsehkoch Rolf Zacherl an der Schürze, nachdem ihm seine Tante ein Kochbuch von ihm schenkte. Seine erste Erfahrung in einer Profiküche macht er als Praktikant in seinem Heimatdorf in einem ambitionierten gutbürgerlichen Restaurant, wo er am Vormittag des ersten Tags noch einen Berg Garnelen wegpulen muss, aber schon am Abend des selben Tags „aufsteigt" und beim Anrichten der Vorspeisen mitarbeiten darf. In der Küche läuft laut Punkrock und Timo verliebt sich in die schnellen Abläufe und die Struktur der Großküche. Der Chef gibt dem Jungen umgehend einen Ausbildungsvertrag und schickt ihn nach der Ausbildung in die Sterneküche. Timos Kochkarriere führt ihn in die Küchen verschiedener Highclass-Hotels und irgendwann checkt er dauerhaft in Berlin ein und kocht dort, wo Prominenz aus der ganzen Welt nächtigt.

Der Alltag nimmt das Tempo eines Düsenjets auf, mit immer mehr Ballast an Bord: zu viel Arbeit, Stress, zu viel Gewicht auf den Hüften und eine unausgewogene Ernährung. Alles zusammen wird zu viel für den Kreislauf und Timo zieht die gesundheitliche Notbremse. Er stellt auf vegane Ernährung um. Zuerst eigentlich nur eine Zeit lang, denkt er. Aber nach ein paar Monaten stellt er fest, dass er gar nicht zum Fleisch zurück muss und will. Er nimmt ab, seine Haut fühlt sich besser an, sein Körpergeruch ist angenehm und er bemerkt (hier zitiere ich jetzt meinen Freund Timo „Ich nehme kein Blatt vor den Mund" Franke aus einem Podcast), dass die vegane Ernährung bei ihm für „mehr Tinte auf dem Füller" sorgen würde.

Von seiner Hands-on-Mentalität darf sich jeder gern eine Scheibe abschneiden. Timo ist einer, der sich die Rosinen im Leben nicht rauspickt, sondern leidenschaftlich in seinen Gerichten mit uns teilt. **Gekämpft, gefallen und wieder aufgestanden. Wie ein echter Gladiator.**

Im Römischen Reich waren Gladiatoren übrigens als Gerstenfresser verschrien. Nach Studien, die aufgrund der Untersuchung der sterblichen Überreste einstiger Gladiatoren erfolgten, geht man davon aus,

dass Gladiatoren sich überwiegend pflanzlich ernährt haben müssen. Einen Hinweis darauf lieferte der erhöhte Strontiumanteil, den man in ihren Knochen nachweisen konnte und der im Vergleich zur übrigen Bevölkerung fast doppelt so hoch ausfiel. Strontium ist in Pflanzen und weniger bis gar nicht in Fleisch oder tierischen Produkten enthalten.

Außerdem sollen die Kämpfer nach körperlicher Anstrengung einen pflanzlichen Aschetrunk „genossen" haben. Ob dieser auch ein Genuss war, ist das Geheimnis der Gladiatoren von damals geblieben. Am Filmset haben wir – dafür will ich nicht undankbar sein – das nicht zu trinken bekommen. Sinn und Zweck dieser Aschemische wird aber vermutlich eine Versorgung mit Calcium gewesen sein. Ein früher Vorfahre der Calciumbrausetablette?

In den vergangenen Jahren titelten mehrere Medienkanäle sinngemäß etwas wie „Gladiatoren waren fette Vegetarier" oder beschrieben, dass die Vorstellung vom durchtrainierten, sexy Gladiator wohl korrigiert werden müsste. Hintergrund waren Forschungen an in jüngerer Zeit in Ephesos gefundenen Skeletten von Gladiatoren, die Aufschluss darüber gaben, dass die Kämpfer über eine gewisse angefutterte Fettschicht verfügten, wohl um Angriffe wie Messerstiche im Kampf abzumildern.

Tatsächlich fanden Forscher aber im Laufe der Zeit sterbliche Überreste ganz verschiedener Gladiatoren und man darf davon ausgehen, dass manche athletisch aussahen und andere eben mit einer Speckschicht ausgestattet waren.

Ganz offenbar gab es aber bereits zu dieser Zeit ein Bewusstsein dafür, dass Sport und Kampf auf Grundlage einer überwiegend vegetarischen oder veganen Kost möglich sind. Ein Standardgericht der Gladiatoren sollen Bohnen mit Gerstenbrei gewesen sein.

Ich kann euch versichern, dass wir euch das nicht auftischen werden.

FUTTERT EUCH FRÖHLICH UND GESUND!

Die Gladiatoren unter den Nährstoffen.

Unter Sportlern, zumindest unter denen, die intensiver Sport treiben, ist es ganz normal, sich mit der Ernährung zu beschäftigen, und wer das Maximum an Leistung herausholen will, hat einen Trainingsplan, um die anvisierten sportlichen Ziele erreichen zu können. Wer nun weder Sport treibt, noch viel für Kochtöpfe übrig hat, denkt sich vielleicht: „Prima, muss ich mich nicht mit beschäftigen, ist mir sowieso alles zu kompliziert." Meine Empfehlung: Kommt in Bewegung und fangt an, euch dafür zu interessieren, was ihr eurem Körper Tag für Tag bietet. Ihr habt die Wahl und könnt euch und eurem Körper etwas gönnen oder dauerhaft etwas zumuten. Bewegung und Sport sind total wichtige Bausteine für unser Wohlbefinden, die aber leider im Alltag viel zu vieler Menschen vor allem in den Industrienationen vernachlässigt werden. Dabei muss das Aktivsein noch nicht mal etwas kosten. Es braucht nicht immer ein Gym, ein Yoga- oder Fitnessstudio, um motorische Fähigkeiten – das sind Ausdauer, Kraft, Beweglichkeit, Koordination und Schnelligkeit – zu pflegen, zu erhalten oder zu verbessern. Ein Training ist praktisch überall in unterschiedlichem Maß möglich. Joggen, Fahrradfahren, Gymnastikübungen zu Hause oder outdoor. Mit Hilfsmitteln oder ohne. Ob ihr Hanteln benutzt oder mit gefüllten Wasserflaschen als Gewichten arbeitet.

Meine Empfehlung: Kommt in Bewegung und fangt an, euch dafür zu interessieren, was ihr eurem Körper Tag für Tag bietet.

Vielerorts befinden sich kostenlose Outdoor-Trainingsstationen wie Klimmzugstangen, Balanceseile und Basketballplätze, Gratisangebote zum Mitturnen, für Ballsportarten oder zum Meditieren. Ich sage: Anfangen und dranbleiben! Und wenn es anfangs erst mal nur täglich zehn Minuten sind, auf die man nach und nach aufbaut. „Gehe täglich mit dem Hund vor die Tür, auch wenn du keinen hast", soll die Sportmedizinkoryphäe und der Mitbegründer der „Trimm dich"-Bewegung Wildor Hollmann der Hörerschaft seiner Vorlesungen an der Sporthochschule Köln gern mit auf den Weg gegeben haben. Und daran hielt er sich noch im Alter von 92 Jahren! Bewegung gehört zum Menschsein, das steckt in unseren Genen.

Bewegung und Sport machen nicht nur etwas Sichtbares mit unserem Körper, sondern wirken sich auch positiv auf unseren Geist und unseren Stoffwechsel aus. Eine Sporteinheit oder zum Beispiel ein Spaziergang im Wald reicht oft schon aus, um die Laune zu heben. **Durch Sport können Frust und Stress abgebaut sowie Serotonin und Dopamin, die sogenannten Glückshormone, ausgeschüttet werden.**

Kurz: Bewegung macht den Kopf frei.

Pro Woche empfiehlt die Weltgesundheitsorganisation (WHO) erwachsenen Menschen mindestens 150 Minuten Bewegung mit mittlerer Intensität oder 75 Minuten mit hoher Intensität im Ausdauerbereich, dazu optimalerweise zweimal in der Woche muskelstärkende Aktivitäten. Menschen über 65 Jahren, also solchen wie ich bald, wird darüber hinaus empfohlen, verstärkt das Gleichgewicht zu trainieren, um Stürze abfangen zu können.

Empfehlenswert ist das alles aber auch schon bei Kindern. Denn diese sind heutzutage leider viel zu oft bewegungstechnisch unterfordert und werden nicht gefördert. Viele sind gar nicht in der Lage, zu schwimmen, zu klettern, Rad zu fahren, Ballsportarten zu spielen oder generell ihre motorischen Fähigkeiten voll zu nutzen. Laut WHO sollten sich Kinder und Jugendliche täglich mindestens eine Stunde moderat bis intensiv bewegen und an zumindest drei Tagen in der Woche so intensiv aktiv sein, dass Muskeln und Knochen gestärkt werden. Es braucht für kleine und große Menschen viel mehr Aufklärung darüber, was wir essen, woher das Essen kommt und was in unserem Essen steckt. Die Kombination aus Bewegungsmangel und einer unausgewogenen, hochkalorischen, aber nährstoffarmen Ernährung steht im Zusammenhang mit Übergewicht und einem gesteigerten Risiko für Erkrankungen des Herz-Kreislauf-Systems, Typ-2-Diabetes und sogar Depressionen.

Es braucht für kleine und große Menschen viel mehr Aufklärung darüber, was wir essen, woher das Essen kommt und was in unserem Essen steckt.

Immer mehr Studien legen inzwischen dar, dass Muskelkrafttraining genauso wichtig ist wie Ausdauertraining und das Risiko für diese Erkrankungen senken kann. Es gibt immer neue Erkenntnisse über den Einfluss, den Muskelkrafttraining auf den Zucker- und Fettstoffwechsel hat.

Spannend ist, was im Muskel passiert, wenn er arbeitet. Erst seit knapp 15 Jahren weiß die auf dem Gebiet weiterlaufende Forschung, dass, wenn wir Muskeln intensiv bewegen, vermehrt sogenannte Myokine ausgeschüttet werden. Das sind – vereinfacht gesagt – körpereigene Eiweißbotenstoffe, die sich über die Blutbahn im ganzen Organismus verteilen. Hunderte verschiedene Myokine wurden gefunden, die meisten davon werden weiterhin erforscht.

Bereits herausgefunden wurde aber, dass Myokine einen Austausch zwischen dem Muskel und anderen Organen wie Gehirn, Fettgewebe, Knochen, Leber, Darm, Bauchspeicheldrüse, Gefäßbett und Haut sowie eine Kommunikation innerhalb des Muskels selbst ermöglichen.

Man weiß derzeit, dass Myokine das Gefäßsystem regulieren können und zum Beispiel am Fettabbau beteiligt sind. Das heißt: Sind sie am Start, kann insbesondere das gesundheitsgefährdende viszerale Fett, das sich zwischen beziehungsweise um die Eingeweide im Körper einspeichert und selbst für schlanke Menschen (Stichwort TOFI) ein Gesundheitsrisiko darstellen kann, abgebaut werden. Man weiß auch, dass ihre Ausschüttung dazu führen kann, dass Entzündungsprozesse des Körpers gestoppt werden und die Immunabwehr reguliert wird. So mancher Erkrankung wird dadurch die Grundlage entzogen. Ein Effekt, der zudem im Zusammenhang mit Myokinen (genauer durch Myokin VEGF) steht, ist, dass sich Blutgefäße weiter verzweigen, was konkret für den Muskel bedeutet, dass er besser durchblutet und dadurch leistungsfähiger wird. Ein anderes Myokin namens Interleukin beziehungsweise IL-6 ist daran beteiligt, die Mechanismen der Nahrungsaufnahme mitzuregulieren.

Vorher-nachher-Tests in der Forschung an der Sporthochschule Köln mit einer halben Stunde Training auf dem Laufband oder Fahrradergometer plus anschließendem Krafttraining machen den Unterschied deutlich: Die Myokin-Konzentration in der Blutprobe nach dem Training ist um das 20-Fache höher als in der Blutprobe vor dem Training.

Was hat das jetzt alles mit veganer Ernährung zu tun?

Die Ernährung beeinflusst ebenso wie unsere körperliche Aktivität oder Nichtaktivität das Risiko für gewisse Zivilisationskrankheiten. Aber auch, wie vital wir sind. Wer hätte gedacht, dass die deutsche Fußballnationalmannschaft der Männer und Weltmeister von 2014 ernährungstechnisch mit Pflanzenmilch- statt Kuhmilchprodukten versorgt wurde? Kuhmilch und aus Kuhmilch hergestellte Lebensmittel wurden tatsächlich bei den Weltmeistern wegen ihrer schwereren Verdaulichkeit vermieden und durch Pflanzenmilch ersetzt. Für die Weltmeister gab es zwar auch teilweise Fleisch, der Speiseplan bestand aber größtenteils aus einer basisch-veganen Ernährung, die eine schnellere Entsäuerung der Muskulatur unterstützt und damit die Regenerationszeiten der Profisportler verkürzte.

Unabhängig von der Ernährungsweise ist man generell gut beraten, sich darüber im Klaren zu sein, wie es um die Nährstoffversorgung bestellt ist. Wenn der Körper ein Leben lang nicht vollwertig ernährt wird, ist er im ständigen Kampf, was sich aber erst mit der Zeit bemerkbar machen kann. Ein dauerhafter Mineralstoffmangel kann zum Beispiel dazu führen, dass der Körper in der Not jahrelang Mineralien aus dem Knochen zieht. Bis das Kartenhaus, also der Knochen, eines Tages im wahrsten Sinne des Wortes zerfällt.

Es klingt unglaublich, aber wenn der Mensch etwa keinerlei Vitamin C zu sich nimmt, wird er das nach drei Monaten nicht überlebt haben. Vorher versucht der Körper, diesen Mangel auszugleichen, so gut es eben geht.

Der Veganer an sich wird ja gern als „Mängelexemplar" betrachtet, dem es an Vitamin B_{12}, Jod, Calcium, Selen und Zink mangeln könnte und der wegen mangelnder Proteinversorgung Probleme beim Muskelaufbau hat.

Fakt ist: Man kann sich mit veganer Kost sehr gesund ernähren, wenn sie ausgewogen ist und wenn sie den Körper mit allen notwendigen Nährstoffen versorgt.

Nährstoffmangel ist übrigens kein exklusiv veganes Thema, sondern betrifft jede Ernährungsweise.

Nährstoffmangel ist übrigens kein exklusiv veganes Thema, sondern betrifft jede Ernährungsweise. Nämlich immer dann, wenn Menschen mit ihren Mahlzeiten mehr Kalorien bei gleichzeitig viel zu wenigen Nährstoffen erhalten. Selbst bei Allesesser:innen, Mischköstler:innen, Vegetarier:innen oder wie auch immer essenden Menschen könnte der Nährstoffbedarf nicht gedeckt sein. Das ist sogar sehr wahrscheinlich, wenn die Lebensmittel die Nährstoffe einfach nicht im ausreichenden Maß hergeben. In den vergangenen Jahrzehnten haben sich die Zucht- und Anbaumethoden von Gemüse und Getreide ja gewaltig verändert. Dadurch werden zwar größere Erträge ermöglicht, aber gleichzeitig mitunter auch nährstoffärmere Lebensmittel hervorgebracht, als etwa noch

die Ernten alter Sorten zu Uropas Zeiten geliefert haben. In den USA werden Böden, Anbaufelder und weiterverarbeitete Lebensmittel deshalb von vornherein um Nährstoffe wie etwa Vitamin B_{12} angereichert. Finnland „füttert" seine Böden schon seit Mitte der 1980er-Jahre mit Selen, um das es generell in Europas Böden etwas mau bestellt ist. In Deutschland findet eine vergleichbare Anreicherung von Lebensmitteln oder Böden bisher noch nicht statt. Allen, die sich für Hintergründe dazu interessieren, empfehle ich einen Abstecher zum Ernährungswissenschaftler Niko Rittenau, der für mich in Sachen Ernährung und besonders veganer Ernährung eine wichtige Informationsquelle war und ist.

Wer sich länger oder dauerhaft vegan ernährt, sollte tatsächlich auf eine ergänzende Vitamin-B_{12}-Quelle beziehungsweise ein Supplement, zum Beispiel in Form von veganen Kapseln oder Tropfen oder als angereicherte Zahnpasta, zurückgreifen. Denn weder Pflanzen noch Tiere produzieren Vitamin B_{12} selbst. Das können ausschließlich Mikroorganismen – und Lebensmittel werden, wie gesagt, zumindest in Europa noch nicht mit Vitamin B_{12} versehen. Wer es mit veganem Essen zunächst sporadisch oder nur eine Zeit lang versucht, muss sich darüber aber erst mal keine Gedanken machen.

Welche Nährstoffe überlebenswichtig sind, ist unter anderem bei der Deutschen Gesellschaft für Ernährung und dem amerikanischen Institute of Medicine definiert. Der Mensch braucht Makronährstoffe, das sind Proteine, Kohlenhydrate und Fette, sowie Mikronährstoffe, also Vitamine, Ballaststoffe und Mineralstoffe. Fette und Proteine sind essenziell, das heißt, wir beziehen sie aus der Nahrung, da der Mensch sie nicht oder nicht ausreichend selbst herstellen kann. Und woher bekommen wir sie? **Sämtliche Proteine, die essenziellen Aminosäuren, sind in Pflanzen und pflanzlichen Produkten verfügbar, unter anderem in Hülsenfrüchten wie Erbsen und Linsen, die gleichzeitig viele Ballaststoffe enthalten, in Nüssen, Tofu, Seitan und Vollkorngetreide.** Regelmäßig richtig kombiniert, können diese Proteinlieferanten den Tagesbedarf ganz ohne tierisches Zutun decken. Es kommt auf die Kombination und Menge an, das ist wie beim Work-out. Wenn ihr ständig nur Beine und nicht die Arme trainiert, wird euch trotz Work-out etwas in den Armen fehlen.

Essenzielle Fette wie Omega-3- und Omega-6-Fettsäuren befinden sich zum Beispiel in Walnüssen, Leinsamen, Chiasamen und Algen. Die Mineralstoffe wie Calcium, Jod, Zink und Magnesium gelangen, vereinfacht gesagt, über den Boden in die Pflanzen auf unsere Teller, sind aber auch in Mineralwasser enthalten. Kleine Zink-Kraftwerke sind unter anderem Kürbiskerne, Cashewkerne und Sesam.

Tomaten wiederum sind reich an Lycopin, das wie Alpha- und Beta-Carotin zum sekundären Pflanzenstoff der Carotinoide gehört. Lycopin ist ein echter Hüne unter den Gladiatoren: Als Antioxidant schützt es vor freien Radikalen im Körper und senkt nachweislich das Krebsrisiko. Davon abgesehen „kleidet" es Obst und Gemüse im gelblichen, orangefarbenen und roten Look.

Haferflocken sind besonders ballaststoffreich und versorgen uns ebenfalls mit Proteinen, aber enthalten auch Zink, Eisen, Vitamin B_1 (Thiamin), Vitamin B_2 (Riboflavin), Vitamin K, Magnesium und noch einige Nährstoffe mehr.

Gewürze, Kräuter, Saaten und Sprossen haben ebenfalls eine gute Schlagkraft, nicht nur geschmacklich, sondern auch in ihrer positiven Wirkung auf den Organismus. Und dass die Kleinsten in Wahrheit oft die Größten sind, sieht man an den sogenannten Microgreens. Die Minigemüsesaaten von Brokkoli, Roten Beten, Radieschen und vielen anderen Sorten sind nicht nur wahnsinnig leckere und knackige Toppings auf Salaten, Broten und Cremes, sie haben teilweise auch eine höhere Nährstoffdichte – unter anderem an den Vitaminen E, C und K – als das „große" Gemüse.

„A spoon full of sugar helps the medicine goes down", singt Mary Poppins fröhlich den Sprösslingen von Mr. Banks vor. Mund auf, rein das Löffelchen voll Zucker.

Es mag natürlich stimmen, dass die Medizin dann gleich viel besser runtergeht. Aber trotz ihrer Omnipräsenz gehören bestimmte Zuckerarten definitiv nicht zu den Gladiatoren unter den Lebensmitteln. Sie sind eher Typ „Sucker" und betreiben Energieraub auf Raten, wenn wir dauerhaft zu viel davon zu uns nehmen.

Zugesetzter Zucker steckt blöderweise in Produkten, in denen man ihn nicht vermuten würde (passierte Tomaten, Ketchup, Joghurt), ist aber in dieser Form eine Zutat, auf die wir generell viel mehr verzichten sollten. Vor allem auf freien Zucker, das ist raffinierter Zucker wie in Süßigkeiten und Backwaren, und auf Zucker, der natürlicherweise in Lebensmitteln wie Frucht- und Gemüsesäften und deren Konzentraten sowie in Honig und Sirup enthalten ist. Denn auch dieser steht nicht nur im Zusammenhang mit Karies, sondern mit – Überraschung – Krankheiten wie Typ-2-Diabetes und unter anderem der nicht durch Alkoholkonsum verursachten Fettleber. Der aus der Nahrung überschüssige Zucker wird nämlich im Körper als Fett eingelagert und verbleibt dort beziehungsweise wächst, wenn dieser „Fettspeicher" nicht verbraucht wird.

Die European Food Safety Authority (EFSA), die Gesundheitsbehörden in solchen Fragen auf wissenschaftlicher Grundlage berät, empfiehlt, die Aufnahme von Zucker so gering wie möglich zu halten. Das wundert mich nicht.

Laut WHO waren bereits 2016 mehr als jeder zweite Erwachsene und nahezu jedes dritte Kind in Europa ist übergewichtig. Die sind zwar, wie wir aus Internet-Memes wissen, schwerer zu kidnappen, aber statistisch überwiegen hier sicher die Nachteile.

Also: Lasst die gezuckerten und mit Süßstoff gesüßten Getränke weg und schmiert euch und euren Kindern nicht ständig Zucker im Vollmilchschokoladengewand aufs Brot. Es gibt Tausendundeine Köstlichkeit, die man sich schnell selbst herstellen kann oder als Brotbelag fertig zubereitet bekommt. Hummus, Olivenpaste, Tomatenpüree mit Zwiebeln, verschiedene Pestos aus Gemüse, Salaten und Kräutern, Nussmus in allen Variationen und, und, und.

Es gibt keine guten Gründe, das nicht direkt mal umzusetzen. Etwas wegzulassen kann nämlich auch in Essensdingen Raum für Neugier und Experimentierfreude schaffen. Auch oder gerade zusammen mit der Familie und Kindern.

Etwas wegzulassen kann auch in Essensdingen Raum für Neugier und Experimentierfreude schaffen. Auch oder gerade zusammen mit der Familie und Kindern.

Leider kursiert immer noch das Vorurteil, dass man sich die vegane Ernährung überhaupt erst mal leisten können muss. **Letztendlich ist aber unser eigenes Einkaufs-, Ess- und Kochverhalten entscheidend und nicht die Ernährungsweise an sich.** Vegan zu essen, ist also nicht per se teurer oder günstiger.

Viele verschiedene Faktoren spielen eine Rolle: Häufiges Auswärtsessen macht sich in der Kasse natürlich anders bemerkbar, als selbst zu kochen. Greift man ausschließlich zu Fertigprodukten beim Einkaufen?

Kauft man Obst und Gemüse saisonal und regional ein oder baut gar selbst an? Ist man vom Schlag „Do it yourself" und probiert vieles in der Küche aus? Je nachdem, wo wir leben, städtisch oder doch eher ländlich, ist die Spannbreite des Angebots, sich mit Lebensmitteln zu versorgen, riesig. Das Spektrum reicht von Märkten und Hofläden über Supermärkte und Discounter bis zu Feinkostläden und sogenannten Foodsharing-Angeboten aus der Lebensmittelrettung.

Beim Einkaufen empfiehlt sich wie im Leben generell: Der Blick über den eigenen Tellerrand lohnt sich. Frisches Obst und Gemüse, sogar Feinkostprodukte und speziell für die vegane Ernährung spannende Zutaten und Lebensmittel wie Pflanzendrinks und -joghurts, Pflanzenbasiertes zum Grillen und Aufschnitte oder etwa Kala Namak gibt es inzwischen sogar im Discounter, zum Beispiel im Sortiment von Lidl, das inzwischen mit überraschend vielen veganen Produkten aufwartet. Kala Namak ist übrigens ein tolles Salz mit Schwefelnote, das man gut verwenden kann, um Gerichten eine Einote zu geben wie für Timos Scrambled Tofu im Rezeptteil. Geht einfach mal auf Entdeckungsreise und probiert alles Mögliche aus!

Man kann sich über Dos and Don'ts schwindelig informieren – egal, worum es sich im Leben handelt. Ein Phänomen, das dabei häufig eintritt, wenn man sich theoretisch mit einer Sache auseinandersetzt und alle notwendigen Infos und noch darüber hinaus Zusatzwissen anhäuft, ist: Es wird nicht umgesetzt. Es ist gut und wichtig, über all die Erkenntnisse zu Sport und Ernährung zu lesen oder sich Beiträge anzuschauen. Aber richtig gut wird's erst beim Machen!

Als Freund der Tat deshalb in aller Kürze und Würze das Fazit dieses Kapitels: Je frischer, vielseitiger zubereitet und tatsächlich farblich bunter die Zutaten eurer Mahlzeiten ausfallen, desto besser. Und ab und zu mal was Süßes ist absolut okay.

Je frischer, vielseitiger zubereitet und tatsächlich farblich bunter die Zutaten eurer Mahlzeiten ausfallen, desto besser. Und ab und zu mal was Süßes ist absolut okay.

A DAY IN THE LIFE

Die beste Zeit des Tages.

Ein blauer, dezent gemusterter Rock, der oberhalb der Knie endet, ein kupferfarbener breiter Gürtel mit Muschelapplikationen und ein nackter Oberkörper, den eine Art petrolfarbene Stola umspielt. An den Füßen Riemchensandalen, die auf einer grashüpfergrünen, kurz getrimmten Wiese stehen und Füße und Beine kräftiger wirken lassen, als sie ohnehin sind. Ein strahlend blauer Himmel. Die Hälfte meines Gesichts ist von einem buschigen, langen, grauen Bart bedeckt, schulterlanges, leicht gewelltes Haar im selben Grau umrahmt die Wangen wie ein Helm. Auf dem Kopf thront eine Krone mit hohen, wellenförmigen Zacken. Okay, Krönchen und Röcke gehören jetzt nicht so zu meinen Lieblingsklamotten, zumindest nicht an mir. Aber in diesem Moment bin ich auch nicht Ralf Moeller, sondern Poseidon, Gott des Meeres, und in meinem rechten Arm steht die wunderschöne Hera in einem figurbetonten güldenen Gewand. Im wahren Leben heißt sie Salma Hayek und wir haben uns gerade, schick wie wir nun mal zurechtgemacht sind, für ein Selfie in Position gebracht. Freeeeeeeze.

Während ich ganz konzentriert auf den Moment in die Kamera blicke, schiebt sich im Hintergrund mein „Bruder" Zeus aka Arnold Schwarzenegger ins Bild und schneidet eine Grimasse. Hera schmunzelt. Ich mag den Schnappschuss, er ist herrlich unperfekt und wird mich an sehr humorvolle Dreharbeiten für einen Werbespot erinnern, der für eine Ausstrahlung beim Super Bowl 2022 produziert wurde.

Mithilfe von Garderobieren und Make-up Artists verwandele ich mich wieder von Poseidon in Ralf Moeller und verlasse das Set. Zu Hause erwarten mich noch ein paar Telefonate und Lesestoff zu anstehenden und laufenden Projekten. Ich poste den Schnappschuss von Zeus, Hera und mir auf Instagram. **Prompt fordert Timo: „Kannst du den Fummel bitte beim nächsten Dreh in der Küche anziehen?"**

Timo sagt immer: Kochen ist wie Musikkomponieren.

Ein kleiner Hunger meldet sich. Kriege ich jetzt schon Hunger, wenn ich Timos Namen nur lese?

Was habe ich heute überhaupt gegessen? Beim Blick in den Kühlschrank durchlaufe ich gedanklich den Tag. Mein letzter Snack waren ein paar vegane Sommerrollen um die Mittagszeit, die es beim Catering am Set gab. Und später eine vegane Zimtschnecke zum Kaffee. Kuchenzeit, die beste Zeit des Tages! Aber das war nicht die erste Mahlzeit des Tages.

Ich sage immer: Ein guter Tag beginnt mit einem Work-out. Deshalb starte ich die meisten Tage im Jahr genau so. Und zwar vor dem Frühstück. Egal, ob der Tag Montag, Mittwoch oder Sonntag heißt. Ich trainiere einfach gern. Und frühstücke mindestens genauso gern. Für meinen Geschmack darf man sich das Frühstück ruhig verdienen, dann beginnt der Tag auch gleich mit Vorfreude auf etwas sehr, sehr Leckeres. **Mein Favorit: Oatmeal. Auch Porridge genannt. Oder auch ganz einfach: getunte Haferflocken. Start your day like a gladiator!** Mit Hafer, Beeren, Leinsamen, Nüssen – ein Genuss. Ich liebe es. Zart, aber stark.

Wenn ich in Los Angeles bin, beginnt das Work-out genau genommen schon auf dem Weg ins Gym, nämlich auf dem Rad. Das sind um die sechs Meilen, also knapp zehn Kilometer. Auf dem Fatbike führt mein Weg vorbei am Strand von Venice Beach – oder Vince Beach, wie man hier sagt. Ein absolut filmgeschichtsträchtiger Ort. Rechts von mir der Strandabschnitt, an dem die Kultserie „Baywatch" gefilmt wurde, etwas weiter weg in meinem Rücken wurde mit Sylvester Stallone für „Rocky III" gedreht. Es folgt ein Abschnitt rund ums Santa Monica Pier, das als Filmkulisse in „Forrest Gump und „Iron Man" zu sehen ist.

Mit genau so einem Fatbike fahre ich aber auch sehr gern durch den schönen Ruhrpott, wenn ich in Deutschland bin. Die Strecke auf dem Rad ist eine perfekte Aufwärmung, ein Cardio-Training, bei dem auch noch die Gelenke geschmiert werden. Manchmal gönne ich mir einen Abstecher zu den legendären Santa Monica Stairs. Klingt nach einem romantischen Ort, ist aber weit entfernt von Candle-Light-Dinner am Strand. Die Stairs sind Teil eines großen Outdoor-Trainingsspots und bestehen aus zwei Blöcken mit jeweils 179 Stufen. Unter freiem Himmel und für jeden zugänglich. Wer gerade in L.A. ist und Langeweile bekommen sollte, weiß, was zu tun ist. Treppensteigen gehört übrigens mit zu den gesündesten und effektivsten Ausdauer-Kraft-Trainings, die es gibt. Die Stufen kenne ich in- und auswendig und trainiere hier auch immer wieder gemeinsam mit Freunden. Nur nehmen wir uns heute dabei nicht mehr gegenseitig auf die Schulter.

Ja, richtig gelesen. Man kann diese Treppen wie ein normaler Mensch bezwingen oder man legt sich zusätzlich ein über 100 Kilogramm schweres Lebendgewicht in Form eines Sportfreundes über die Schultern – an dieser Stelle kommt wieder Franco Carlotto ins Spiel, der mich etliche Male die Stufen raufgetragen hat.

Mein Tag beginnt meistens früh, gegen 7:30 Uhr bin ich oft schon im Gym angekommen und beginne mit dem Training. Eine Stunde bis eineinhalb Stunden bewege ich mich wie in einem Zirkel von Gerät zu Gerät und trainiere innerhalb einer Work-out-Session mehrere Muskelgruppen. Bizeps und Trizeps der Arme, die Beinmuskulatur, das Gesäß, aber auch Rücken- und Brustmuskulatur werden dabei gefordert. Das ist ein gutes Ganzkörpertraining, das ich mit relativ wenigen Pausen durchziehe. Verbrennt gut Kalorien und macht schon morgens gute Laune! Jeder hat ja so seine Methoden beim Training, die einen zählen, die anderen nicht. Ich fange an zu zählen, wenn es anfängt, weh zu tun.

Jeder hat ja so seine Methoden beim Training, die einen zählen, die anderen nicht. Ich fange an zu zählen, wenn es anfängt, weh zu tun.

Das Schöne ist: Nach dem Training und mehrere Hundert verbrannte Kalorien später ist vor dem Frühstück. Und Frühstückszeit ist Oatmeal-Zeit. Die beste Zeit des Tages! Das gab es heute nach dem Work-out selbst gemacht à la Timo zu Hause.

Wenn im Anschluss nicht gerade Termine wie Dreharbeiten anstehen, gehe ich für mein Oatmeal nach dem Training sonst auch gern mal raus fürs Frühstück, zum Beispiel ins Café „The Rose" oder ins Hotel „Le Vermont". Und nicht nur nach dem Training gilt selbstverständlich: immer reichlich Wasser trinken, und zwar über den ganzen Tag verteilt!

Es ist früher Abend, heute jedoch nicht der richtige Tag für ein Dinner auswärts. Der Kühlschrank brummt leise, aber hörbar. Mein Blick bleibt an einer Vorratsdose hängen. Mexican Bowl! Ich schnappe mir eine Schüssel und einen Löffel und fülle alle Zutaten ordentlich aus der Dose um. Das Auge isst ja mit.

Die Bowl ist vom Vortag und gehört zu den prima Rezepten von Timo, die sich super vorbereiten lassen und zum Nachmachen im Buch verewigt sind. Schmeckt megalecker und erfreut umso mehr, wenn man mal etwas hungriger nach Hause kommt und schnell was auf den Tisch soll. Fantastisch. Mexican-Bowl-Zeit. Die beste Zeit des Tages!

Ich checke in meinem Kalender, wann ich das nächste Mal in Berlin sein und Timo treffen werde. Wir werden uns dann definitiv auch über eine angemessene Garderobe austauschen (Spoiler: kein Poseidon!). Ein gemeinsames Fotoshooting für das Kochbuch ist geplant, außerdem ein Treffen, um Texte, Rezepte und das Vorwort zu besprechen. Was dabei herausgekommen ist, haben wir für euch zwischen die Buchdeckel gepresst.

Timo sagt immer: Kochen ist wie Musikkomponieren. Übers Essen zu reden und zu schreiben, ist dann vielleicht wie über einen Markt zu gehen und sich vom Duft und vom Geschmack bunter Früchte und Gemüse inspirieren zu lassen.

Vielleicht ist es mit dem Vorhaben, (zumindest häufiger) vegan zu essen, wie mit dem Umstieg auf E-Fahrzeuge. Man fragt sich, ist das nicht alles zu kompliziert?

Komme ich damit überhaupt ans Ziel? Schaffe ich die Strecke? Wie oft muss ich anhalten? Gibt es genug Ladestationen unterwegs?

Ja! Der Umstieg ist vielleicht am Anfang ungewohnt, aber wenn der Stein erst einmal ins Rollen gekommen ist, rollt er, ohne dass ihr Berge dafür versetzen müsst.

In seinem Interview-Podcast fragte mich Matze Hielscher im vergangenen Jahr, was ich, wenn ich entscheiden dürfte, als Message auf eine große Plakatwand am Berliner Alexanderplatz schreiben ließe, die eine Woche lang für alle Berliner:innen lesbar sein würde. Meine Antwort war: „Versuch's mal vegan!"

Ich wünsche mir wirklich, dass die vegane Küche überall noch leichter zugänglich wird, dass Gastronomen mit ihr wachsen wollen und bereit sind, mehr pflanzenbasierte Gerichte in ihre Speisekarten aufzunehmen. Ich wünsche mir auch, dass vegane Produkte einer Qualität entsprechen, die eine schnelle und gesunde vegane Küche ermöglichen – für Leute wie mich und vielleicht auch euch, die nicht so gern lange in der Küche stehen oder wenig Zeit dafür haben.

Vor allem aber wünsche ich euch jetzt richtig viel Genuss und Freude mit Timo Frankes leckeren Rezepten. Für Vegan Gladiators wie Timo, mich und dich – und solche, die es werden wollen!

GOOD MORNING

FRISCHE-POWER FÜR DEN TAG

Ich möchte noch einmal darauf hinweisen, dass alles, was ich hier sage, nicht aller Weisheit letzter Schluss, sondern meiner Weisheit letzter Stand ist. Es gibt ja den bekannten Satz: „Was interessiert mich mein Geschwätz von gestern?"

So ist es bei mir nicht. Natürlich ändern sich Gewohnheiten, Ansichten und Einsichten, aber so gut wie nie grundsätzlich. Die wichtigste grundsätzliche Entscheidung, die ich ernährungstechnisch in meinem Leben gefällt – und damit auch Gewohnheiten geändert – habe, war, vegan zu werden. Eine Entscheidung zu fällen, bedeutet aber auch, dass man sie im zweiten Schritt in die Tat umsetzt, sonst wird es immer bei einer Idee bleiben. Was bedeutet: einen ersten Schritt zu machen. Und weil der Tag nun mal mit dem Morgen beginnt, bietet sich dieser Zeitpunkt geradezu an.

Wir sind im Vorwort ja schon ein wenig auf die unterschiedlichsten Frühstücksgewohnheiten der Menschen eingegangen. Also war mein Wunsch an Timo, eine Mischung zu erstellen, die allen Frühstücker:innen gerecht wird. Der eine schlemmt morgens gern, die andere möchte nur etwas im Magen haben, der Dritte braucht Power, die Vierte gibt eine Breakfast-Party. Manche Menschen frühstücken ihr Leben lang so, wie sie es als Kind gelernt haben.

Als ich klein war, wusste niemand in meiner Familie, dass es mich zum Leistungssport hinziehen würde. Nachdem die Geschichte mit den Fläschchen und Gläschen durch war, hat Mutter mir morgens Brötchen, Käse, Wurst und Marmelade aufgetischt. Warum? Weil Vater und sie so gefrühstückt haben. Warum also etwas ändern? Ganz einfach: weil wir es wollen und können! Ich bin Sportler, ich stehe auf, beginne den Tag mit einem ersten Workout und frühstücke danach. Wer seid ihr? Ich denke, mit den folgenden festen und flüssigen Rezepten trifft Timo jeden Geschmackstypen mindestens einmal.

Und – ich schwöre – wenn ihr nicht wüsstet, dass es vegan ist: Ihr würdet es gar nicht merken.

FRÜHSTÜCKSTORTILLA

Zubereitungszeit 15 Minuten
Für 2 Personen

1 mittelgroße Avocado
50 g Räuchertofu
2 Vollkorn-Tortillafladen
2 EL Hummus (siehe Seite 123; alternativ Fertigprodukt)
40 g veganer Reibekäse

ohne raffinierten Zucker,
ohne Soja

Nährwerte pro Portion: 402 kcal
F 29 g, KH 20 g, B 7 g, EW 11 g

€€€€€

Avocado halbieren, entkernen, das Fruchtfleisch auslösen und in dünne Scheiben schneiden. **Räuchertofu** ebenfalls in dünne Scheiben schneiden. • **Tortillafladen** jeweils bis zur Mitte einschneiden. Avocado, **Hummus, Reibekäse** und Räuchertofu getrennt je auf ein Tortillaviertel geben. • Den Fladen nun Viertel für Viertel einklappen, sodass geschichtete Tortillaviertel entstehen. In eine Pfanne geben und auf mittlerer Stufe von beiden Seiten jeweils etwa 5 Minuten anrösten. • Die Tortillaviertel auf zwei Teller geben und noch warm genießen.

SCRAMBLED TOFU

Zubereitungszeit 15–20 Minuten
Für 2 Personen

80 g Räuchertofu
400 g Tofu Natur
1 Zwiebel
2 EL neutrales Pflanzenöl
schwarzer Pfeffer aus der Mühle
1 Msp. gemahlene Kurkuma
1 Prise Kala Namak
100 g ungesüßter veganer Joghurt
½ Kästchen Gartenkresse

glutenfrei, ohne raffinierten Zucker

Nährwerte pro Portion: 385 kcal
F 22 g, KH 4 g, B 3 g, EW 34 g

€€€€€

Räuchertofu in kleine Würfel schneiden. **Naturtofu** mit Küchenpapier trocken tupfen, in feine Scheiben schneiden, dann klein zupfen und zerkrümeln. **Zwiebel** schälen und fein würfeln. • **Öl** in einer Pfanne auf mittlerer Stufe erhitzen und den Räuchertofu darin etwa 5 Minuten rundum kross anbraten. Zerkrümelten Tofu und Zwiebeln in die Pfanne geben, etwa 5 Minuten unter Rühren leicht anbräunen und mit **Pfeffer, Kurkuma** und **Kala Namak** würzen. **Joghurt** in die Tofumischung rühren und noch etwa 2 Minuten köcheln lassen. • Inzwischen die **Kresse** vom Beet schneiden. • Scrambled Tofu auf zwei Teller geben, mit Kresse bestreuen und genießen.

Tipp Kala Namak, auch Schwarzsalz genannt, ist ein rosabräunliches Salz mit besonderem Aroma, das vor allem in der indischen Küche verwendet wird.

PROTEIN-PANCAKES MIT BEEREN

Zubereitungszeit 15 Minuten
Für 2 Personen

300 ml ungesüßte Pflanzenmilch
4 EL Ahornsirup
1 TL Apfelessig
300 g Dinkelmehl (Type 630)
20 g zarte Haferflocken
3 EL Hanfproteinpulver
2 TL Backpulver
1 EL Kokosöl
100 g gemischte Beeren
(z. B. Erdbeeren, Blaubeeren,
Johannisbeeren, Himbeeren)

ohne raffinierten Zucker,
ohne Soja

Nährwerte pro Portion: 790 kcal
F 5 g, KH 148 g, B 7 g, EW 29 g

€€€€€

Pflanzenmilch, 2 EL **Ahornsirup, Apfelessig, Dinkelmehl, Haferflocken, Hanfprotein-** und **Backpulver** in einer Schüssel zu einem glatten Teig verrühren. • ½ EL **Kokosöl** in einer Pfanne auf mittlerer Stufe erhitzen. Den Teig mit einer kleinen Kelle portionsweise in die Pfanne geben und etwa 3 Minuten backen, dann die kleinen Teigfladen wenden und weitere 3 Minuten backen. Herausnehmen und auf einen Teller geben. Den Ausbackvorgang wiederholen, bis Kokosöl und Teig verbraucht sind. • In der Zwischenzeit die **Beeren** abbrausen und abtropfen lassen. • Pancakes auf zwei Tellern stapeln, Beeren daneben anrichten und mit restlichem **Ahornsirup** beträufeln.

OAT-FRÜHSTÜCKSPIZZA

Zubereitungszeit 15 Minuten
Für 2 Personen

Für den Teig
150 g Haferflocken
20 g Speisestärke
50 ml ungesüßte Pflanzenmilch
150 g ungezuckertes Apfelmus
1 TL Backpulver
1 TL Apfelessig
1 Prise Salz
1 Prise gemahlener Zimt
2 EL neutrales Pflanzenöl
Für den Belag
ca. 300 g gemischte Beeren und/
oder Früchte nach Wahl
150 g ungesüßter veganer
Joghurt

glutenfrei, ohne raffinierten
Zucker, ohne Soja

Nährwerte pro Portion: 544 kcal
F 17 g, KH 73 g, B 9 g, EW 15 g

€€€€€

Für den Teig **Haferflocken, Speisestärke, Pflanzenmilch, Apfelmus, Backpulver** und **Apfelessig** in eine Schüssel geben, **Salz** und **Zimt** hinzufügen und vermengen. • 1 EL **Öl** in einer Pfanne auf mittlerer Stufe erhitzen, die Hälfte des Teigs hineingeben und backen, bis die Unterseite goldbraun ist und die Oberseite nicht mehr glänzt. Die „Pizza" auf einen Teller gleiten lassen und den restlichen Teig auf die gleiche Weise ausbacken. • Für den Belag die **Beeren** abbrausen und abtropfen lassen. Oder **Früchte** waschen, eventuell schälen und klein schneiden. • **Joghurt** auf den „Pizzen" verteilen und mit Beeren oder Obst garnieren.

GRUNDREZEPT OVERNIGHT OATS

Zubereitungszeit 5 Minuten plus Ruhezeit über Nacht
Für 2 Personen

180 g zarte Haferflocken
500 ml ungesüßter Haferdrink
2 EL Ahornsirup

glutenfrei, ohne raffinierten Zucker, ohne Soja

Nährwerte pro Portion: 459 kcal
F 8 g, KH 79 g, B 12 g, EW 12 g

€€€€€

Alle **Zutaten** in einer Clipbox oder einem ähnlichen Behälter verrühren, luftdicht verschließen und über Nacht im Kühlschrank ruhen lassen. • Am nächsten Morgen herausnehmen, die Overnight Oats auf zwei Schalen verteilen, nach Belieben mit anderen Zutaten (siehe Tipp) ergänzen und genießen.

Tipp Als Topping passen besonders gut Beeren oder klein geschnittene Früchte, Nüsse und Kerne, aber auch Trockenfrüchte, Kokoschips, vegane Schokoraspel, Flohsamenschalen, Leinsamen und Chiasamen. Zimt, Vanille und Kardamom machen sich als Gewürze ebenfalls super. Probiere auch mal ein wenig geriebene Tonkabohne!

RALFS OATMEAL

Zubereitungszeit 8 Minuten plus ca. 15 Minuten Garzeit
Für 2 Personen

Für das Oatmeal
100 g zarte Haferflocken
450 ml ungesüßter Haferdrink
1 EL Ahornsirup
1 Prise Salz
Zum Servieren (nach Belieben)
200–300 g gemischte Beeren
50 g Walnusskerne
2 Prisen gemahlener Zimt

glutenfrei, ohne raffinierten Zucker, ohne Soja

Nährwerte pro Portion: 509 kcal
F 21 g, KH 59 g, B 9 g, EW 12 g

€€€€€

Für das Oatmeal die **Haferflocken** in einem Topf bei mittlerer Hitze unter Rühren etwas anrösten, bis sie anfangen zu duften. Mit **Haferdrink** ablöschen. **Ahornsirup** und **Salz** dazugeben und etwa 15 Minuten bei niedriger Hitze leicht köcheln lassen. • Zum Servieren nach Belieben **Beeren** waschen und abtropfen lassen. **Walnusskerne** grob hacken. • Das Oatmeal in zwei Schalen geben. Mit **Zimt** bestreuen, die Beeren darauf anrichten, Walnüsse darüberstreuen und warm servieren.

Tipp Dazu passt Erdnussmus oder Tahin oder ein anderes Nussmus als Aufstrich sehr gut. Wer mag, kann als Variante noch 2 EL vegane Schokodrops oder gehackte vegane Bitterschokolade unter den Teig mischen.

KURKUMA-PORRIDGE MIT APFEL

Zubereitungszeit 15 Minuten
Für 2 Personen

100 g zarte Haferflocken
½ TL Kokosöl
½ TL gemahlene Kurkuma
½ TL Ingwerpulver
½ TL gemahlener Zimt
300 ml ungesüßter Haferdrink
1 Apfel (200 g)
1 EL Ahornsirup

glutenfrei, ohne raffinierten Zucker, ohne Soja

Nährwerte pro Portion: 341 kcal
F 7 g, KH 60 g, B 10 g, EW 7 g

€€€€€

Haferflocken mit **Kokosöl** in einen Topf geben und auf mittlerer Stufe etwa 2 Minuten rösten, bis die Haferflocken anfangen zu duften. • **Kurkuma, Ingwer, Zimt, Haferdrink** und 100 ml Wasser hinzufügen und bei mittlerer Hitze etwa 10 Minuten köcheln lassen, dabei möglichst ständig rühren. • In der Zwischenzeit den **Apfel** waschen, vierteln, entkernen und klein würfeln. Nach etwa 5 Minuten Kochzeit in den Porridge einrühren und zusammen fertig garen. • Mit **Ahornsirup** abschmecken, den Porridge auf zwei Schalen verteilen und servieren.

BESTES BANANENBROT DER WELT

Zubereitungszeit
15–20 Minuten plus
ca. 45 Minuten Backzeit
Für 1 Kastenbrot
(ca. 10 Scheiben)

neutrales Pflanzenöl
2 reife Bananen
100 ml Ahornsirup
3 EL Kokosöl
4 EL ungesüßte Pflanzenmilch
1 EL Apfelessig
80 g Haferflocken
160 g Dinkelmehl (Type 630)
2 EL Walnusskerne
2 EL Macadamianusskerne
1 TL Backpulver
1 TL gemahlener Zimt
1 Prise Salz
Außerdem
Kastenform (20 cm Länge)

ohne raffinierten Zucker, ohne Soja

Nährwerte pro Scheibe: 222 kcal
F 10 g, KH 28 g, B 3 g, EW 4 g

€€€€€

Den Backofen auf 165 °C Umluft vorheizen. Die Kastenform mit **Pflanzenöl** einfetten. • Beide **Bananen** schälen, eine davon in einer Schüssel mit einer Gabel zerdrücken. **Ahornsirup, Kokosöl, Pflanzenmilch, Apfelessig, Haferflocken, Dinkelmehl,** beide **Nusssorten, Backpulver, Zimt** und **Salz** zugeben und gut vermengen. • Den Teig in die vorbereitete Kastenform füllen. Die zweite Banane längs halbieren, mit den Schnittflächen nach unten auf den Teig geben und im vorgeheizten Ofen etwa 45 Minuten backen. • Aus dem Ofen nehmen, lauwarm abkühlen lassen, aus der Form stürzen, in Scheiben schneiden und noch leicht warm genießen.

DETOX-SMOOTHIE

Zubereitungszeit 5–7 Minuten
Für 2 Personen

200 g Blaubeeren
4–6 Stängel Koriandergrün
2 Bananen
100 ml Orangensaft
1 TL Spirulinapulver
Außerdem
Hochleistungsmixer

glutenfrei, ohne raffinierten Zucker, ohne Soja

Nährwerte pro Portion: 159 kcal
F 2 g, KH 31 g, B 7 g, EW 2 g

€€€€€

Die **Blaubeeren** abbrausen und abtropfen lassen. Den **Koriander** waschen, trocken schütteln und die Blätter mit zarten Stängeln abzupfen. **Bananen** schälen und in Stücke schneiden. • Alle vorbereiteten Zutaten mit **Orangensaft** und **Spirulinapulver** im Hochleistungsmixer cremig pürieren. • In zwei Gläser füllen und den Smoothie sofort frisch genießen.

Tipp Wer keinen Hochleistungsmixer hat, der kann einen Standmixer oder leistungsstarken Stabmixer verwenden, dann wird der Smoothie allerdings nicht so glatt und fein.

SELLERIE-SPINAT-JUICE

Zubereitungszeit 15 Minuten
Für 2 Personen

100 g Spinat
400 g Staudensellerie
2 Äpfel (à 200 g)
1 TL Leindotteröl
Außerdem
Entsafter oder Slow Juicer

glutenfrei, ohne raffinierten Zucker, ohne Soja

Nährwerte pro Portion: 175 kcal
F 4 g, KH 28 g, B 11 g, EW 5 g

€€€€€

Spinat waschen und trocken schütteln. **Staudensellerie** putzen, waschen und mit dem Grün grob zerkleinern. **Äpfel** waschen und vierteln, Stiele entfernen. • Spinat, Sellerie und Äpfel nach und nach in den Entsafter geben. • Den Juice in zwei Gläser füllen und mit **Leindotteröl** beträufelt sogleich servieren.

LOCAL & FRESH
THE

KALE 'N' CARROT

Zubereitungszeit 10–12 Minuten
Für 2 Personen

200 g Grünkohl
1 kleine Birne (130 g)
2 Karotten (à 100 g)
50 ml Apfelsaft
1 EL Zitronensaft
Außerdem
Entsafter oder Slow Juicer

glutenfrei, ohne raffinierten Zucker, ohne Soja

Nährwerte pro Portion: 124 kcal
F 1 g, KH 18 g, B 10 g, EW 5 g

€€€€€

Grünkohl putzen, waschen, trocken schütteln und grob zerkleinern. **Birne** waschen, vierteln, den Stiel entfernen. **Karotten** putzen und waschen. • Die vorbereiteten Zutaten in den Entsafter geben. • Dann **Apfel-** und **Zitronensaft** in den Saft rühren, in zwei Gläser füllen und frisch trinken.

BEETS 'N' ROOTS

Zubereitungszeit 8–10 Minuten
Für 2 Personen

1 Karotte (100 g)
100 g Rote Bete
1 kleiner Apfel (130 g)
1–2 Minisnackgurken oder
1 Stück Salatgurke (50 g)
3-cm-Stück Ingwer (20 g)
Saft von 1 Zitrone
Außerdem
Hochleistungsmixer

glutenfrei, ohne raffinierten Zucker, ohne Soja

Nährwerte pro Portion: 108 kcal
F 1 g, KH 18 g, B 5 g, EW 2 g

€€€€€

Karotte putzen, waschen und in Stücke schneiden. **Rote Bete** gründlich waschen, putzen und in Stücke schneiden. **Apfel** waschen, vierteln und grob würfeln. **Gurke** waschen und in Stücke schneiden. **Ingwer** schälen und grob würfeln. • Die vorbereiteten Zutaten mit 600 ml Wasser im Hochleistungsmixer fein pürieren. **Zitronensaft** hinzufügen, in zwei Gläser füllen und sofort servieren.

Tipp Wenn kein Hochleistungsmixer vorhanden ist, kann ein Standmixer oder leistungsstarker Stabmixer verwendet werden, nur wird der Smoothie dann nicht so glatt und fein.

HAZELNUT-BANANA-SHAKE

Zubereitungszeit 5 Minuten
Für 2 Personen

3 Bananen
500 ml ungesüßte Pflanzenmilch
30 g zarte Haferflocken
100 g Kichererbsen aus dem Glas (Abtropfgewicht), abgetropft
2 EL Haselnusskerne
2 EL Erdnussmus
1 TL Zitronensaft

€€€€€

Bananen schälen, in Stücke schneiden und in ein hohes Mixgefäß geben. • Alle weiteren **Zutaten** hinzufügen und mit dem Stabmixer zu einem cremigen Shake pürieren. • In zwei große Gläser gießen und frisch trinken.

Nährwerte pro Portion: 479 kcal (F 15 g, KH 72 g, B 9 g, EW 10 g)

MANGO-BERRY-SHAKE

Zubereitungszeit 10–12 Minuten
Für 2 Personen

200 g gemischte Beeren
1 Mango
500 ml ungesüßte Pflanzenmilch
30 g zarte Haferflocken
100 g Kichererbsen aus dem Glas (Abtropfgewicht), abgetropft
1 EL Leinsamen
1 EL Mandelkerne
1 TL Zitronensaft

€€€€€

Beeren abbrausen und abtropfen lassen. **Mango** schälen, das Fruchtfleisch vom Stein schneiden, grob würfeln und mit den Beeren in ein hohes Mixgefäß geben. • Die **Pflanzenmilch** mit allen weiteren **Zutaten** hinzufügen und mit dem Stabmixer zu einem cremigen Shake pürieren. • In zwei große Gläser füllen und frisch genießen.

Nährwerte pro Portion: 474 kcal (F 7 g, KH 77 g, B 12 g, EW 14 g)

BERRY-PUMPKIN-SEED-SHAKE

Zubereitungszeit 5 Minuten
Für 2 Personen

200 g gemischte Beeren
1 Banane
500 ml ungesüßte Pflanzenmilch
30 g zarte Haferflocken
100 g Kichererbsen aus dem Glas (Abtropfgewicht), abgetropft
1 EL Leinsamen
1 EL Kürbiskerne
1 TL Zitronensaft

€€€€€

Beeren abbrausen und abtropfen lassen. **Banane** schälen, in Stücke schneiden und mit den Beeren in ein hohes Mixgefäß geben. • **Pflanzenmilch** und alle weiteren **Zutaten** hinzufügen und mit dem Stabmixer zu einem cremigen Shake pürieren. • In zwei große Gläser gießen und direkt genießen.

Nährwerte pro Portion: 368 kcal (F 8 g, KH 57 g, B 8 g, EW 10 g)

*glutenfrei, ohne raffinierten Zucker, ohne Soja

Hazelnut-Banana-Shake
Mango-Berry-Shake
Berry-Pumpkin-Seed-Shake

MITTACH

GET YOUR PROTEINS!

Ein Freund hat mal gesagt: „Meine Mutter ist gelernte Köchin. Aber anhand der Mittagessen, die sie uns als Kindern aufgetischt hat, wäre man da niemals drauf gekommen." Am Mittach scheiden sich die Geister. Schon der Tag des Mittagessens bestimmt das Gericht. In meiner Kindheit gab es am Wochenende ganz anders Mittach als am Wochenende. In der Woche musste es eher schnell gehen, am Wochenende war der Tisch schön gedeckt, man nahm sich auch viel mehr Zeit und konnte mit Recht sagen: „Es ist köstlich, Mutter!"

Aber auch da sehen wir schon einen Unterschied, denn heute kochen auch viel mehr Väter. Da hat die Zeit doch eine sehr positive Entwicklung geschaffen. Der Großteil von euch wird eine Mittagspause haben, in der die vorhandene Zeit das Gericht bestimmt. Oft wird Mittagessen bestellt und man achtet dann eher darauf, nicht zu spät wieder am Arbeitsplatz zu sein, als auf das, was man da wirklich isst. Einige legen Wert auf frisch zubereitetes Essen (hier hat uns das Homeoffice doch perfekt in die Karten gespielt), andere kochen vor, nehmen mit und wärmen auf. Der neue Trend zum Tuppern.

Unser Ziel für euch angehende vegane Gladiatoren war es, eine Vielfalt anzubieten. Manche von Timos Gerichten eignen sich perfekt als Sonntagsessen, andere kann man schnell und frisch zubereiten, fast alle lassen sich vorbereiten und einpacken. Aber eines haben alle gemeinsam: Sie sind absolut vegan und absolut lecker!

ZUCCHINI-SPAGHETTI MIT KNUSPRIGEM TOFU

In kürzester Zeit selbst gemachte „Spaghetti", ohne dass die Küche danach wie nach einer Teigschlacht aussieht oder man sich selbst wie nach einer fühlt, ist dank Zucchini als Hauptzutat kein Wunschdenken.

Zubereitungszeit 20 Minuten
Für 2 Personen

250 g Tofu Natur
2 Knoblauchzehen
1 Frühlingszwiebel
2 EL neutrales Pflanzenöl
30 g Erdnussmus
2 EL Sesamöl
2 ½ EL glutenfreie Sojasauce (z. B. Tamari)
1 EL Limettensaft
1 Prise Chilipulver
2 große Zucchini (insgesamt 460 g)
3 EL Sesamsaat

Außerdem
Spiralschneider (alternativ Sparschäler; siehe Tipp)

glutenfrei, ohne raffinierten Zucker

Nährwerte pro Portion: 509 kcal
F 38 g, KH 9 g, B 8 g, EW 29 g

€€€€€

Tofu mit Küchenpapier trocken tupfen und in 3 cm große Würfel schneiden. **Knoblauchzehen** schälen und fein hacken. **Frühlingszwiebel** putzen, waschen und in Ringe schneiden. • **Öl** in einer Pfanne bei mittlerer Stufe erhitzen und die Tofuwürfel darin 5 Minuten rundum anbraten. Vom Herd nehmen. • Inzwischen in einer großen Schüssel Knoblauch, **Erdnussmus, Sesamöl, Sojasauce, Limettensaft** und **Chilipulver** zu einem Dressing verrühren. • **Zucchini** putzen, waschen und mit dem Spiralschneider zu „Spaghetti" verarbeiten. In die Schüssel mit dem Dressing geben und vermengen. • Zucchini-Spaghetti auf zwei Teller verteilen, den Tofu darauf anrichten und mit Frühlingszwiebeln und **Sesam** garnieren. Guten Appetit!

Tipp Falls kein Spiralschneider vorhanden ist: mit einem Sparschäler von den Zucchini sehr dünne Streifen abziehen, diese mit einem Messer längs halbieren und mit dem Dressing vermischen.

KÜRBISGULASCH

So simpel die Zubereitung, so vielschichtig die Geschmacksnoten, die sich während der Garzeit bei diesem Kürbiskracher herausbilden. Die größten Exemplare der Welt bringen übrigens regelmäßig über 1,2 Tonnen auf die Waage. So viel braucht es für unser Gulasch aber glücklicherweise nicht. Oder kommt noch wer zu Mittach?

Zubereitungszeit 25 Minuten plus ca. 15 Minuten Garzeit
Für 2 Personen

1 Zwiebel
200 g festkochende Kartoffeln
200 g Hokkaidokürbis
1 Karotte
1 kleine rote Paprikaschote
2 Knoblauchzehen
1–2 Zweige Thymian (nach Belieben)
2 EL neutrales Pflanzenöl
2 EL Tomatenmark
½ TL rosenscharfes Paprikapulver
50 ml heller Traubensaft
500 ml Gemüsebrühe
Salz
schwarzer Pfeffer aus der Mühle
1 EL Balsamico-Essig

glutenfrei, ohne raffinierten Zucker, ohne Soja

Nährwerte pro Portion: 252 kcal
F 11 g, KH 33 g, B 10 g, EW 6 g

€€€€€

Zwiebel schälen und grob würfeln. **Kartoffeln** schälen, waschen und in etwa 3 cm große Stücke schneiden. **Kürbis** entkernen, waschen und ebenfalls in etwa 3 cm große Stücke schneiden. **Karotte** schälen und in 1 cm dicke Scheiben schneiden. **Paprika** waschen, entkernen und in etwa 2 cm große Stücke schneiden. **Knoblauchzehen** schälen und fein hacken. **Thymian,** falls verwendet, waschen, trocken schütteln und die Blätter abstreifen. • **Öl** in einem Topf auf mittlerer Stufe erhitzen und die Zwiebelwürfel darin etwa 2 Minuten anbraten. Kartoffeln, Kürbis, Karotte und Paprika dazugeben und 3 Minuten anrösten. Knoblauch, Thymian, **Tomatenmark** und **Paprikapulver** dazugeben und etwa 4 Minuten scharf anrösten. Mit **Traubensaft** und **Brühe** ablöschen und abgedeckt etwa 15 Minuten köcheln lassen. • Das Kürbisgulasch mit **Salz, Pfeffer** und **Essig** abschmecken, auf zwei Tellern anrichten und genießen.

LINSENSALAT MIT KICHERERBSEN-PFANNKUCHEN

Gäbe es einen Walk of Fame für proteinreiche pflanzliche Lebensmittel, wäre der Linse ein Stern sicher. Als Salat mit Pfannkuchen ein Hit für die Mittagspause. Wenn die Wendung gelingt. Challenge accepted?

Zubereitungszeit 30 Minuten
Für 2 Personen

Für die Pfannkuchen
60 g Kichererbsenmehl
1 EL Olivenöl
Salz
schwarzer Pfeffer aus der Mühle
1 EL neutrales Pflanzenöl
Für den Salat
80 g Süßkartoffel
200 g braune Linsen aus der Dose (Abtropfgewicht)
2 Knoblauchzehen
6–7 Stängel Basilikum
1 EL Olivenöl
50 ml Apfelsaft
1 Apfel (200 g)
1–2 Zwiebeln
30 g Rucola

glutenfrei, ohne raffinierten Zucker, ohne Soja

Nährwerte pro Portion: 440 kcal
F 18 g, KH 51 g, B 10 g, EW 14 g

€€€€€

Für die Pfannkuchen das **Kichererbsenmehl,** 160 ml Wasser, **Olivenöl,** etwas **Salz** und **Pfeffer** in einer Schüssel zu einem glatten Teig verrühren. • **Pflanzenöl** in einer beschichteten Pfanne auf mittlerer Stufe erhitzen. Die Hälfte des Teigs hineingeben, durch Schwenken dünn verteilen und 1–2 Minuten goldbraun backen, bis der Pfannkuchen beginnt, fest zu werden, und sich vom Boden löst. Vorsichtig wenden und von der anderen Seite etwa 30 Sekunden goldbraun backen. Auf einen Teller geben und auf die gleiche Weise einen zweiten Pfannkuchen backen. • Für den Salat die **Süßkartoffel** schälen, waschen und in 1 cm große Würfel schneiden. In einen Topf geben, mit Wasser bedecken und zum Kochen bringen. **Linsen** hinzufügen und etwa 10 Minuten köcheln lassen. • Inzwischen die **Knoblauchzehen** schälen und fein hacken. **Basilikum** waschen, trocken schütteln, die Blätter abzupfen und in feine Streifen schneiden. Knoblauch, Basilikum, **Öl** und **Apfelsaft** in einer Schüssel zu einem Dressing verrühren. • **Apfel** waschen, vierteln, entkernen und in kleine Würfel schneiden. **Zwiebel(n)** schälen, halbieren und in feine Streifen schneiden. Den **Rucola** waschen und abtropfen lassen. • Linsen und Süßkartoffeln abgießen, zum Dressing in die Schüssel geben, Apfelwürfel und Zwiebeln zufügen und vermengen. • Kichererbsen-Pfannkuchen mit Rucola bestreuen, den Linsensalat darauf anrichten und genießen.

Tipp Falls gerade Saison ist, verwendet für diesen leckeren Salat als Variante die gleiche Menge Feldsalat statt Rucola.

GEBRATENER BROKKOLI MIT TOFU UND CHAMPIGNONS

Mit zehn Zutaten und einer Pfanne könnte man jemanden vor den Kopf stoßen oder man kann damit ganz lässig in 20 Minuten Herzen und Mägen erobern. Sogar die von Tofu-Nörgler:innen. Oh ja!

Zubereitungszeit 20 Minuten
Für 2 Personen

1 Brokkoli (375 g)
250 g Tofu Natur
2 EL neutrales Pflanzenöl
300 g Champignons
2 Knoblauchzehen
4-cm-Stück Ingwer (30 g)
5 EL glutenfreie Sojasauce
(z. B. Tamari)
1 Msp. Chilipulver
4 EL Limettensaft
2 EL Sesamsaat

glutenfrei, ohne
raffinierten Zucker

Nährwerte pro Portion: 369 kcal
F 20 g, KH 11 g, B 12 g, EW 31 g

€€€€€

Brokkoli waschen, den dicken Stiel entfernen (er wird nicht verwendet) und in kleine Röschen teilen. **Tofu** mit Küchenpapier trocken tupfen und in etwa 2 cm große Würfel schneiden. • **Öl** in einer Pfanne auf mittlerer Stufe erhitzen und den Tofu darin 5 Minuten goldbraun anbraten, dabei gelegentlich wenden. Den Brokkoli dazugeben und etwa 5 Minuten weiterbraten. • Inzwischen die **Champignons** mit Küchenpapier säubern und in Scheiben schneiden. **Knoblauchzehen** schälen und fein hacken. **Ingwer** schälen und ebenfalls fein hacken. • Champignons, Knoblauch und Ingwer in die Pfanne geben und mit **Sojasauce** ablöschen. **Chilipulver** darüberstreuen und mit **Limettensaft** abschmecken. Den Deckel auflegen und etwa 2 Minuten ziehen lassen. • Das Gericht auf zwei Teller oder Schalen verteilen und mit **Sesam** garniert servieren.

LINSEN-DAL MIT QUINOA

Wenn mit etwas Muße gekocht werden kann, ist diese Linsen-Dal-Variante ganz wunderbar geeignet. Und on top ein Fest für indisch-affine Geschmacksnerven.

Zubereitungszeit 15–20 Minuten plus ca. 30 Minuten Garzeit
Für 2 Personen

1 Zwiebel
2 Knoblauchzehen
1-2-cm-Stück Ingwer (10 g)
1 kleinere Zucchini (150 g)
50 g rote Linsen
2 EL neutrales Pflanzenöl
Salz
schwarzer Pfeffer aus der Mühle
½ TL Currypulver
1 Msp. gemahlener Zimt
½ TL gemahlener Kreuzkümmel
50 ml Kokosmilch
100 ml Gemüsebrühe
150 g Quinoa
4–6 Stängel Koriandergrün
2–4 Biolimettenspalten

glutenfrei, ohne raffinierten Zucker, ohne Soja

Nährwerte pro Portion: 512 kcal
F 19 g, KH 66 g, B 11 g, EW 19 g

€€€€€

Zwiebel schälen und fein würfeln. **Knoblauchzehen** und **Ingwer** schälen und fein hacken. **Zucchini** putzen, waschen und in feine Würfel schneiden. **Linsen** in ein Sieb geben, kalt abbrausen und abtropfen lassen. • **Öl** in einem Topf auf mittlerer Stufe erhitzen, Zwiebeln, Knoblauch und Ingwer darin etwa 2 Minuten anbraten. Kräftig mit **Salz, Pfeffer, Currypulver, Zimt** und **Kreuzkümmel** würzen. Zucchini und Linsen hinzugeben, mit **Kokosmilch** und **Brühe** ablöschen und abgedeckt etwa 30 Minuten bei niedriger Hitze köcheln lassen. • Inzwischen die **Quinoa** in ein feines Sieb geben und mit lauwarmem Wasser gründlich durchspülen. **Salzwasser** in einem Topf zum Kochen bringen. Quinoa zufügen und abgedeckt bei niedriger Hitze etwa 12 Minuten garen. Vom Herd nehmen und die Quinoa noch etwa 5 Minuten quellen lassen. • **Koriander** waschen, trocken schütteln und die Blätter abzupfen. • Das Linsen-Dal mit **Salz** und **Pfeffer** abschmecken und mit Quinoa auf zwei Tellern anrichten. Mit Koriander garnieren und die **Limettenspalten** zum Beträufeln dazulegen.

KAROTTEN-INGWER-SUPPE

Eine Suppe, die schmeckt, durchwärmt, gesund ist und auch noch sättigt? Ingwer, Karotte, Knoblauch und Co. garen flott im Topf und riechen in dieser Kombination herrlich. Lässt sich super nach einem verregneten Outdoor-Work-out in der dunkleren Jahreszeit zubereiten.

Zubereitungszeit 15 Minuten plus ca. 20 Minuten Garzeit
Für 2 Personen

1 Zwiebel
2 Knoblauchzehen
7–8-cm-Stück Ingwer (50 g)
4 Karotten (insgesamt 400 g)
150 g mehligkochende Kartoffeln
1 EL neutrales Pflanzenöl
600 ml Gemüsebrühe
3 Stängel glatte Petersilie
Salz
schwarzer Pfeffer aus der Mühle
1 Prise Chilipulver

glutenfrei, ohne raffinierten Zucker, ohne Soja

Nährwerte pro Portion: 172 kcal
F 6 g, KH 26 g, B 10 g, EW 4 g

€€€€€

Zwiebel schälen und grob würfeln. **Knoblauchzehen** schälen und fein hacken. **Ingwer** schälen und ebenfalls fein hacken. **Karotten** schälen, längs halbieren und in 2 cm große Stücke schneiden. **Kartoffeln** schälen und würfeln. • **Öl** in einem Topf auf hoher Stufe erhitzen, Zwiebeln, Knoblauch, Ingwer und Karotten darin etwa 2 Minuten anschwitzen. Kartoffeln und **Brühe** dazugeben, aufkochen lassen und bei mittlerer Hitze etwa 20 Minuten weich garen. • **Petersilie** waschen, trocken schütteln und die Blätter fein hacken. • Die Suppe mit **Salz, Pfeffer** und **Chilipulver** würzen und mit dem Stabmixer fein pürieren. In tiefe Teller oder Schalen füllen und mit Petersilie garniert servieren. Guten Appetit!

ORIENTALISCHER BLUMENKOHLAUFLAUF

Wenn man Lust auf einen Klassiker wie Blumenkohl hat, es aber etwas unklassisch und spicy zugehen darf.

Zubereitungszeit 15 Minuten plus ca. 30 Minuten Backzeit
Für 2 Personen

1 kleiner Blumenkohl (550 g)
1 EL Olivenöl
Salz
250 g Kichererbsen aus dem Glas (Abtropfgewicht)
Saft von 1 Zitrone
50 g Tahin
70 ml Gemüsebrühe
4–5 Stängel glatte Petersilie
150 g Granatapfelkerne

glutenfrei, ohne raffinierten Zucker, ohne Soja

Nährwerte pro Portion: 489 kcal
F 23 g, KH 41 g, B 18 g, EW 20 g

€€€€€

Den Backofen auf 180 °C Umluft vorheizen. • **Blumenkohl** putzen, waschen und in mundgerechte Röschen teilen. In eine Auflaufform geben, **Öl** darüberträufeln, vermengen und mit **Salz** würzen. Im vorgeheizten Ofen etwa 15 Minuten backen. • In der Zwischenzeit die **Kichererbsen** in ein Sieb abgießen und abtropfen lassen. Nach der Backzeit zum Blumenkohl geben, unterheben und weitere 15 Minuten backen. • **Zitronensaft, Tahin** und **Brühe** zu einem Dressing verrühren. • Die **Petersilie** waschen, trocken schütteln und die Blätter fein hacken. • Auflauf aus dem Ofen nehmen und auf zwei Teller verteilen. Mit dem Dressing beträufeln, mit Petersilie und **Granatapfelkernen** garnieren und genießen.

Tipp Ich brause die Kichererbsen nicht ab, sondern lasse sie lediglich abtropfen, denn das Aquafaba (Kochflüssigkeit), mit dem sie benetzt sind, enthält viel Aroma. Aber wenn ihr es nicht mögt, könnt ihr die Kichererbsen natürlich abbrausen und abtropfen lassen.

GEFÜLLTE CHAMPIGNONS

Es gibt Lebensmittel, die sind untrennbar mit Filmfiguren verbunden: Kekse und das Krümelmonster, Kidneybohnen und Bud Spencer und natürlich Spinat und Popeye. Wer superfix Babyspinat im Champignon zum Champion machen will, legt hiermit los.

Zubereitungszeit 10 Minuten plus ca. 15 Minuten Backzeit
Für 2 Personen

450 g Babyspinat
1 Knoblauchzehe
350 g große Champignons
1 TL Olivenöl
Salz
schwarzer Pfeffer aus der Mühle
200 g veganer Frischkäse Natur
40 g veganer Reibekäse

glutenfrei, ohne raffinierten Zucker, ohne Soja

Nährwerte pro Portion: 336 kcal
F 17 g, KH 29 g, B 4 g, EW 15 g

€€€€€

Den Backofen auf 200 °C Umluft vorheizen. • **Spinat** waschen und trocken schleudern. **Knoblauchzehe** schälen und fein hacken. **Champignons** mit Küchenpapier säubern und Stiele entfernen. • **Öl** in einer Pfanne auf mittlerer Stufe erhitzen. Spinat nach und nach hineingeben und anbraten, bis er vollständig eingefallen ist. • Mit **Salz** und **Pfeffer** würzen, Knoblauch, **Frisch-** und **Reibekäse** dazugeben und vermengen. • Die Spinatmischung in die Champignons füllen, in eine Auflaufform setzen und etwa 15 Minuten auf der mittleren Schiene backen. • Gefüllte Champignons auf zwei Teller verteilen und genießen.

Tipp Dazu passt knuspriges frisches Baguette oder Ciabatta.

COUSCOUS MIT RÖSTGEMÜSE IN TOMATENSAUCE

Gefangen im Homeoffice zwischen Videokonferenzen, trotzdem Lust auf einen gepflegten Lunch wie außer Haus? Couscous mit Röstgemüse ist schnell zubereitet und bringt besondere Würze ins traute Heim.

Zubereitungszeit 15 Minuten plus 20 Minuten Garzeit
Für 2 Personen

1 Zwiebel
80 g Süßkartoffel
½ kleine gelbe Paprikaschote
1 kleine Aubergine
100 g Kichererbsen aus dem Glas (Abtropfgewicht)
2 EL Olivenöl
150 g gehackte Tomaten aus der Dose
Salz
schwarzer Pfeffer aus der Mühle
1 TL Ras el-Hanout
100 g Couscous
1 EL gehackte Kräuter (nach Belieben)

ohne raffinierten Zucker, ohne Soja

Nährwerte pro Portion: 383 kcal
F 8 g, KH 59 g, B 11 g, EW 13 g

€€€€€

Zwiebel schälen und fein würfeln. **Süßkartoffel** schälen und in etwa 3 cm große Würfel schneiden. **Paprika** entkernen, waschen und grob würfeln. **Aubergine** putzen, waschen und in etwa 3 cm große Würfel schneiden. **Kichererbsen** in ein Sieb abgießen und abtropfen lassen. • **Öl** in einem Topf auf mittlerer Stufe erhitzen, Gemüse und Kichererbsen darin etwa 5 Minuten unter gelegentlichem Rühren anbraten. • Mit gehackten **Tomaten** ablöschen, mit **Salz, Pfeffer** und **Ras el-Hanout** abschmecken. Den Deckel aufsetzen und etwa 20 Minuten köcheln lassen. • In der Zwischenzeit den **Couscous** in eine Schüssel geben, mit 100 ml kochendem Wasser übergießen und **salzen.** Abdecken und etwa 10 Minuten quellen lassen. • Couscous auf zwei Teller geben, das Gemüse darauf anrichten und nach Belieben mit **Kräutern** garniert servieren.

MACADAMIA-ZUCCHINI-LASAGNE

Das wichtigste Werkzeug in der Küche sind die Hände und mit Hunger und etwas Hands-on-Mentalität entsteht Schicht für Schicht eine außergewöhnliche Lasagne.

Zubereitungszeit 25 Minuten plus ca. 30 Minuten Backzeit
Für 2 Personen

2 Zwiebeln
1 mittelgroße Zucchini
2 EL Olivenöl
1–2 EL Dinkelmehl (Type 630; 20 g)
250 ml ungesüßte Pflanzenmilch
Salz
schwarzer Pfeffer aus der Mühle
90 g Macadamianusskerne
1 Msp. getrockneter Oregano
6 Lasagneblätter (120 g; ohne Vorkochen)

ohne raffinierten Zucker, ohne Soja

Nährwerte pro Portion: 756 kcal
F 45 g, KH 69 g, B 7 g, EW 16 g

€ € € € €

Den Backofen auf 200 °C Umluft vorheizen. • **Zwiebeln** schälen und fein würfeln. Die **Zucchini** putzen, waschen und fein raspeln. • 1 EL **Öl** in einer Pfanne auf mittlerer Stufe erhitzen und die Zwiebeln darin etwa 3 Minuten anschwitzen. Vom Herd nehmen. • Parallel dazu restliches **Öl** in einem Topf auf mittlerer Stufe erhitzen. **Mehl** mit einem Schneebesen einrühren, dann **Pflanzenmilch** nach und nach einarbeiten und etwa 3 Minuten köcheln lassen, bis die Sauce eindickt. Mit **Salz** und **Pfeffer** würzen und vom Herd nehmen. • **Macadamianüsse** im Standmixer fein zerkleinern, Zwiebeln aus der Pfanne zugeben und zu einer feinen Masse mixen. Zur Sauce in den Topf geben, Zucchiniraspel hinzufügen, vermengen und mit **Oregano, Salz** und **Pfeffer** würzen. • Eine dünne Schicht Macadamia-Zucchini-Sauce in einer kleinen Auflaufform verteilen und mit einer Lage **Lasagneblättern** bedecken. Etwas Sauce daraufgeben und den Vorgang wiederholen, bis die Zutaten aufgebraucht sind, dabei mit der Sauce abschließen. • Im vorgeheizten Ofen auf der mittleren Schiene etwa 30 Minuten backen. Herausnehmen, kurz ruhen lassen und aus der Form servieren. Guten Appetit!

AVOCADO-TOMATEN-BRUSCHETTA

Alles kann, nichts muss. Superschnell serviert und ideal an Tagen, an denen die erste Mahlzeit des Tages zur Mittagszeit stattfindet. Und an Tagen, an denen der Mittagshunger kleiner ausfällt (als Hauptspeise). Und an Tagen, an denen er größer ausfällt (als Vorspeise). Und an allen Tagen, an denen man einfach Bock auf diese ofengeküsste Stulle hat.

Zubereitungszeit 15–18 Minuten
Für 2 Personen

150 g Vollkorn-Ciabatta
1 Knoblauchzehe
240 g Strauchtomaten
1 große Avocado
4–5 Stängel Basilikum
2 EL Olivenöl
1 TL heller Balsamico-Essig
Salz
schwarzer Pfeffer aus der Mühle

ohne raffinierten Zucker,
ohne Soja

Nährwerte pro Portion: 520 kcal
F 37 g, KH 33 g, B 7 g, EW 12 g

€€€€€

Den Backofen auf 160 °C Ober-/Unterhitze vorheizen. • Das **Ciabatta** in etwa 1,5 cm dicke Scheiben schneiden und auf ein Backblech geben. Die **Knoblauchzehe** schälen, halbieren, die Brotscheiben damit einreiben und im vorgeheizten Ofen 5–6 Minuten kross backen. Herausnehmen und etwas abkühlen lassen. • Inzwischen die **Tomaten** waschen, Stielansätze entfernen und würfeln. **Avocado** halbieren, entkernen, das Fruchtfleisch mit einem Löffel aus der Schale lösen und in Würfel schneiden. **Basilikum** waschen, die Blätter abzupfen und fein hacken. • Tomaten, Avocado und Basilikum in eine Schüssel geben, **Öl** und **Essig** hinzufügen, vermischen und mit **Salz** und **Pfeffer** abschmecken. • Die Tomatenmischung auf den Ciabattascheiben verteilen und servieren.

THAILÄNDISCHER LAAB-SALAT

The Taste of Thailand in vegan. Muss man einfach direkt aus der Schüssel schlemmen.

Zubereitungszeit 20–25 Minuten
Für 2 Personen

2 EL neutrales Pflanzenöl
300 g frisches veganes Hack (aus dem Kühlregal)
2 Knoblauchzehen
2-cm-Stück Ingwer (15 g)
2 Biolimetten
1 TL Chilipulver
2 EL Sojasauce
1 rote Zwiebel
1 kleine rote Paprikaschote
½ Salatgurke
2 EL gesalzene Erdnusskerne
Salz
schwarzer Pfeffer aus der Mühle
4–6 Stängel Koriandergrün
200 g Spitzkohl

ohne raffinierten Zucker

Nährwerte pro Portion: 444 kcal
F 18 g, KH 31 g, B 10 g, EW 41 g

€€€€€

Öl in einer Pfanne auf hoher Stufe erhitzen. Das **Hack** mit einer Gabel leicht auflockern und etwa 8 Minuten krümelig anbraten. Vom Herd nehmen, in eine Schüssel geben und etwas abkühlen lassen. • Inzwischen **Knoblauchzehen** und **Ingwer** schälen und fein würfeln. **Limetten** heiß abwaschen, trocken tupfen, die Schale abreiben und den Saft auspressen. Knoblauch, Ingwer, Limettensaft und Limettenschale mit **Chilipulver** und **Sojasauce** zu einem Dressing verrühren. • **Zwiebel** schälen, halbieren und in feine Streifen schneiden. **Paprika** waschen, entkernen und fein würfeln. **Gurke** schälen und in feine Würfel schneiden. **Erdnüsse** grob hacken. Alles zum Hack in die Schüssel geben, das Dressing darüberträufeln und gut vermengen. Mit **Salz** und **Pfeffer** abschmecken. • **Koriander** abbrausen, trocken schütteln und die Blätter abzupfen. **Spitzkohl** waschen, in feine Streifen schneiden und auf zwei Teller verteilen. • Den Laab-Salat darauf anrichten, mit Koriander bestreuen und genießen.

Tipp Laab (auch Larb geschrieben) ist ein (Hack-)Fleischsalat aus Thailand und Laos, der in ganz Südostasien beliebt ist. Dieses Rezept ist meine vegane Variante. Frisches veganes Hack wird gern auf der Basis von Hülsenfrüchteproteinen hergestellt und enthält meistens Gluten. Stattdessen könnt ihr auch eingeweichtes Sojagranulat oder zerkrümelten Tofu verwenden.

PASTA MIT SPINAT-ERDNUSS-SAUCE

Wenn ihr schon aktiv wart und der Magen heftig knurrt, macht diese feine Komposition glücklich. Bei Pasta scheiden sich ja die Geister: Wie muss die Nudel sein – weich oder al dente? Ist sie perfekt, wenn sie an der Wand haften bleibt? Trial and Error!

Zubereitungszeit 25 Minuten
Für 2 Personen

1 Zwiebel
1 Knoblauchzehe
250 g Babyspinat
1–2 EL gesalzene Erdnusskerne
1 EL neutrales Pflanzenöl
200 ml Kokosmilch aus der Dose
200 ml Gemüsebrühe
40 g Erdnussmus
3 EL Limettensaft
Salz
schwarzer Pfeffer aus der Mühle
200 g Penne oder andere kurze Röhrennudeln

ohne raffinierten Zucker,
ohne Soja

Nährwerte pro Portion: 807 kcal
F 40 g, KH 83 g, B 8 g, EW 25 g

€€€€€

Zwiebel schälen und würfeln. **Knoblauchzehe** schälen und fein hacken. **Babyspinat** waschen und trocken schleudern. **Erdnüsse** grob hacken. • **Öl** in einer Pfanne auf mittlerer Stufe erhitzen. Zwiebeln und Knoblauch darin 3 Minuten anschwitzen. Spinat dazugeben und bei niedriger Hitze etwa 3 Minuten weiterbraten, dann mit **Kokosmilch** und **Brühe** ablöschen. **Erdnussmus** und **Limettensaft** zugeben, mit **Salz** und **Pfeffer** würzen und so lange köcheln lassen, bis die Sauce etwas eindickt. • Parallel reichlich **Salzwasser** in einem Topf zum Kochen bringen. **Penne** hineingeben und etwa 8 Minuten bissfest garen. Dann abgießen, die Pasta direkt zur Sauce in den Topf geben und vermengen. • Das Pastagericht auf zwei tiefe Teller oder Schalen verteilen, mit Erdnüssen bestreuen und servieren. Guten Appetit!

ERBSENBRATLINGE MIT DIP

Frikadellenalarm! Aus den kleinen grünen Superhelden unter den proteinreichen Gemüsesorten und ein paar veganen Begleitern werden diese starken Bratlinge. Fast zu lecker zum Teilen, taugen aber definitiv auch fürs nächste Partybuffet.

Zubereitungszeit 20 Minuten plus ca. 15 Minuten Backzeit
Für 2 Personen

Für die Bratlinge
250 g TK-Erbsen
1 Zwiebel
2 Knoblauchzehen
1 TL Olivenöl
4–5 Stängel Basilikum
Salz
schwarzer Pfeffer aus der Mühle
150 g Kichererbsenmehl
1 TL Backpulver
1 EL gehackte glatte Petersilie (nach Belieben)

Für den Dip
250 g ungesüßter veganer Joghurt
3 EL Zitronensaft
Salz
schwarzer Pfeffer aus der Mühle

glutenfrei, ohne raffinierten Zucker, ohne Soja

Nährwerte pro Portion: 443 kcal
F 10 g, KH 48 g, B 20 g, EW 22 g

€€€€€

Den Backofen auf 180 °C Umluft vorheizen. Ein Backblech mit Backpapier auslegen. • Für die Bratlinge die **Erbsen** in einen Topf geben, mit Wasser bedecken, auf hoher Stufe aufkochen und etwa 3 Minuten köcheln lassen. • Inzwischen die **Zwiebel** schälen und würfeln. **Knoblauchzehen** schälen und fein hacken. **Öl** in einer Pfanne auf mittlerer Stufe erhitzen. Zwiebeln und Knoblauch darin 2 Minuten farblos anschwitzen. • Währenddessen das **Basilikum** waschen, trocken schütteln und die Blätter abzupfen. • Erbsen in ein Sieb abgießen und in ein hohes Mixgefäß geben. Zwiebelmischung und Basilikum hinzufügen und mit dem Stabmixer pürieren. Mit **Salz** und **Pfeffer** würzen. • Das Erbsenpüree mit **Kichererbsenmehl** und **Backpulver** vermengen und aus der Masse Bratlinge formen. Auf das Backblech geben und im vorgeheizten Ofen etwa 15 Minuten backen. • In der Zwischenzeit für den Dip **Joghurt** mit **Zitronensaft** in einer Schüssel verrühren und mit **Salz** und **Pfeffer** abschmecken. • Erbsenbratlinge auf zwei Teller geben, mit **Petersilie** garnieren und mit dem Dip servieren.

Tipp Hierzu passen aufgeschnittene aromatische Tomaten und rote Zwiebelringe sehr gut.

QUINOA MIT GRÜNKOHL UND ERBSEN

Quinoa ist ein fantastischer Eiweißlieferant und lässt sich in dieser herrlichen Bowl auf ein Date mit Grünkohl und Erbsen ein. Heraus kommt ein extra Proteinkick. Sozusagen das kulinarische Work-out für danach. Mit oder ohne Sport-Date ein Genuss.

Zubereitungszeit 30 Minuten
Für 2 Personen

125 g Quinoa
Salz
50 g gehackte Mandelkerne
1 große Zucchini
60 g Grünkohl
2 Knoblauchzehen
4 EL Olivenöl
250 g TK-Erbsen
Saft von 1 Limette
3 EL glutenfreie Sojasauce (z. B. Tamari)
schwarzer Pfeffer aus der Mühle

glutenfrei, ohne raffinierten Zucker

Nährwerte pro Portion: 711 kcal
F 38 g, KH 58 g, B 14 g, EW 20 g

€€€€€

Quinoa in ein feines Sieb geben und mit lauwarmem Wasser gründlich durchspülen. 375 ml **Salzwasser** in einem Topf auf hoher Stufe zum Kochen bringen, Quinoa hinzufügen und abgedeckt bei niedriger Hitze 12 Minuten garen. Vom Herd nehmen und die Quinoa abgedeckt noch etwa 5 Minuten quellen lassen. • Inzwischen die **Mandeln** in einer Pfanne ohne Fettzugabe anrösten. • **Zucchini** putzen, waschen, längs halbieren und in Scheiben schneiden. **Grünkohl** waschen, dicke Mittelrippen entfernen, trocken schütteln und in Streifen schneiden. **Knoblauchzehen** schälen und fein hacken. • 2 EL **Öl** in einer Pfanne auf mittlerer Stufe erhitzen. Zucchini, Grünkohl und Knoblauch darin 10 Minuten anbraten. • Währenddessen die **Erbsen** in einen kleinen Topf geben, mit Wasser bedecken, aufkochen und 2 Minuten garen. In ein Sieb abgießen und abtropfen lassen. • Die Hälfte der Erbsen mit **Limettensaft,** restlichem **Öl, Sojasauce,** etwas **Salz** und **Pfeffer** in ein hohes Mixgefäß geben und mit dem Stabmixer cremig pürieren. • Erbsenpüree mit Quinoa vermengen, dann übrige Erbsen und Gemüsemischung aus der Pfanne unterheben. Mit **Salz** und **Pfeffer** abschmecken. Auf zwei Schalen verteilen und mit gerösteten Mandeln garniert genießen.

CAESAR SALAD MIT CASHEWDRESSING

Diese Version des Klassikers macht sich nur fast nebenbei: Es braucht etwas Geduld zum Einweichen der Cashewkerne und Backen der Kichererbsen. Für Schreibtischtäter:innen im Homeoffice sind die einzelnen Arbeitsschritte aber willkommene Pausen vom Bildschirm.

Zubereitungszeit 25 Minuten plus 60 Minuten Einweichzeit
Für 2 Personen

Für das Dressing
70 g Cashewkerne
60 ml Gemüsebrühe
1 EL Zitronensaft
1 TL Senf
2 EL Olivenöl
Salz
schwarzer Pfeffer aus der Mühle

Für den Salat
110 g Kichererbsen aus dem Glas (Abtropfgewicht)
1 EL Olivenöl
Salz
150 g Grünkohl
300 g Romanasalat

Für das Topping
70 g Cashewkerne
2 EL Hanfsamen
1 EL Hefeflocken
1 Prise Salz

glutenfrei, ohne raffinierten Zucker, ohne Soja

Nährwerte pro Portion: 720 kcal
F 50 g, KH 36 g, B 17 g, EW 23 g

€€€€€

Für das Dressing die **Cashewkerne** in eine Schüssel geben, mit Wasser bedecken und 60 Minuten einweichen. Dann abgießen und abbrausen. • Inzwischen den Backofen auf 200 °C Umluft vorheizen. Ein Backblech mit Backpapier auslegen. • Für den Salat die **Kichererbsen** in ein Sieb abgießen, kurz abtropfen lassen und auf das Blech geben. **Öl** darüberträufeln, mit **Salz** bestreuen, vermengen und im vorgeheizten Ofen etwa 30 Minuten goldbraun backen. Dann herausnehmen und leicht abkühlen lassen. • Inzwischen den **Grünkohl** waschen, dicke Mittelrippen entfernen, Blätter zerzupfen und trocken schleudern. Den **Romanasalat** putzen, waschen, quer in dünne Streifen schneiden und ebenfalls trocken schleudern. Beides in eine Schüssel geben. • Für das Topping die **Cashewkerne** mit **Hanfsamen, Hefeflocken** und **Salz** in einer Küchenmaschine zerkleinern und beiseitestellen. • Eingeweichte Cashewkerne in ein hohes Mixgefäß geben, **Brühe, Zitronensaft, Senf** und **Öl** hinzufügen und mit dem Stabmixer zu einem cremigen Dressing pürieren. Mit **Salz** und **Pfeffer** abschmecken. Das Dressing über die Salatmischung träufeln und gut vermengen. • Den Salat auf zwei Tellern anrichten und mit gebackenen Kichererbsen und Topping garniert servieren. Guten Appetit!

WEISSE-BOHNEN-SALAT MIT SÜSSKARTOFFELDRESSING UND HIRSE

Die Süßkartoffel macht ohnehin schon hollywoodreif Karriere von Streetfood-Festivals bis zu Sterneküchen. Als Dressing gibt sie hier eine raffinierte Nebenrolle zu weißen Bohnen ab. Fast genauso schnell zubereitet wie aufgegessen!

Zubereitungszeit 30 Minuten
Für 2 Personen

Für Hirse und Salat
100 g Hirse
Salz
½ kleine rote Paprikaschote
1–2 Stangen Staudensellerie
200 g Räuchertofu
1 TL neutrales Pflanzenöl
150 g weiße Bohnen aus der Dose (Abtropfgewicht)
Für das Dressing
75 g Süßkartoffel
1 EL Olivenöl
70 ml ungesüßte Pflanzenmilch
1 EL Erdnussmus
1 TL heller Balsamico-Essig
½ TL Agavendicksaft
½ TL Senf
Salz
schwarzer Pfeffer aus der Mühle

glutenfrei, ohne raffinierten Zucker

Nährwerte pro Portion: 589 kcal
F 15 g, KH 61 g, B 11 g, EW 32 g

€€€€€

Hirse mit 150 ml Wasser und einer Prise **Salz** in einem Topf aufkochen und 10 Minuten köcheln lassen. Abgedeckt 15 Minuten bei ausgeschalteter Herdplatte quellen lassen. Vom Herd nehmen, mit einer Gabel auflockern und abkühlen lassen. • In der Zwischenzeit für das Dressing die **Süßkartoffel** schälen, waschen und in 1 cm große Würfel schneiden. In einen kleinen Topf geben, mit Wasser bedecken, zum Kochen bringen und etwa 6 Minuten köcheln lassen. • Währenddessen für den Salat die **Paprikaschote** waschen, entkernen und in 3 cm große Stücke schneiden. **Staudensellerie** putzen, waschen und in Scheiben schneiden, das Grün grob hacken. Den **Räuchertofu** mit Küchenpapier trocken tupfen und ebenfalls in 3 cm große Stücke schneiden. • Die Süßkartoffel abgießen und in ein hohes Mixgefäß geben. **Olivenöl, Pflanzenmilch, Erdnussmus, Essig, Agavendicksaft** und **Senf** hinzufügen und mit dem Stabmixer pürieren. Das Dressing mit **Salz** und **Pfeffer** abschmecken. • **Pflanzenöl** in einer Pfanne auf mittlerer Stufe erhitzen, Räuchertofu darin 4 Minuten kross anbraten und dabei gelegentlich wenden. • **Bohnen** in ein Sieb abgießen, kalt abbrausen, abtropfen lassen und in eine große Schüssel geben. Paprika, Sellerie und Tofu hinzufügen, das Dressing darüberträufeln und vermengen. • Hirse in zwei Schalen füllen und den Salat darauf anrichten.

SPAGHETTI MIT KICHERERBSEN-TOMATEN-SAUCE

Wenn es mehr als eine 08/15-Tomatensauce sein darf, lässt sich mit Tofu und Kichererbsen zu den Tomaten sehr schnell eine Win-win-win-Situation herstellen.

Zubereitungszeit 20 Minuten
Für 2 Personen

265 g Kichererbsen aus dem Glas (Abtropfgewicht)
250 g Räuchertofu
1 Knoblauchzehe
2–3 Frühlingszwiebeln
2 EL Olivenöl
400 g gehackte Tomaten aus der Dose
Salz
schwarzer Pfeffer aus der Mühle
200 g Vollkornspaghetti

ohne raffinierten Zucker

Nährwerte pro Portion: 891 kcal
F 18 g, KH 102 g, B 21 g, EW 49 g

€€€€€

Kichererbsen in ein Sieb abgießen und abtropfen lassen. **Räuchertofu** trocken tupfen und in Würfel schneiden. **Knoblauchzehe** schälen und fein würfeln. **Frühlingszwiebeln** putzen, waschen und in feine Ringe schneiden. • Das **Öl** in einer Pfanne auf mittlerer Stufe erhitzen. Kichererbsen, Räuchertofu und Knoblauch darin unter gelegentlichem Wenden 5 Minuten anbraten. Mit **Dosentomaten** ablöschen und etwa 5 Minuten köcheln lassen. Mit **Salz** und **Pfeffer** abschmecken. • Parallel dazu reichlich **Salzwasser** in einem Topf zum Kochen bringen und die Spaghetti darin etwa 9 Minuten bissfest garen. • Die Spaghetti in ein Sieb abgießen und auf zwei tiefe Teller verteilen. Die Sauce darübergeben und mit Frühlingszwiebeln garniert servieren.

TO GO

SNACKS UND KLEINE GERICHTE

Buffets, an denen sich alle einfach bedienen, waren in den USA schon viel früher Standard als in Deutschland. Das änderte sich spätestens in den 1990ern grundsätzlich, als in good old Germany „Brunch" – diese Mischung aus Breakfast und Lunch – auf einmal der heiße Scheiß wurde. Man fand Freude an Buffets und lud Freunde gern zum besagten Brunch ein. Ich bin immer ein großer Freund von diesem Mix aus kalten und warmen Snackereien gewesen. Genauso wie von Kleinigkeiten, die sich gut mitnehmen lassen. Zum Beispiel an den Strand. Ich würde sagen, ich bin nicht eitler als andere Männer,[1] aber ich würde jetzt nicht auf die Idee kommen und mir als Snack eine Mahlzeit mitnehmen, nach der mein Bauch aussieht, als hätte ich einen Luftballon verschluckt. Es ist ohnehin – und das sage ich euch als gelernter Schwimmmeister – überhaupt nicht ratsam, mit vollem Bauch ins Wasser zu gehen. So manche, die sich diesem Ratschlag widersetzt haben, können heute nicht mehr selbst davon berichten. Genauso wenig ratsam ist es, seinen Snack im Gehen zu essen. „To go" bedeutet nämlich nicht, dass man ihn beim Gehen einnehmen soll, sondern dass man ihn mitnehmen und dort auspacken und essen soll, wo man ihn entspannt genießen kann. Wir leben immer schneller, lesen E-Mails, während wir essen und gehen, konsumieren Unterhaltung und News, wenn wir eigentlich entspannen wollen. Wir nehmen uns immer weniger Zeit für die kleinen, wichtigen Pausen. Jeder, der trainiert, weiß, dass die Pause für den Muskel genauso wichtig ist wie die Belastung. „To go" bedeutet ebenfalls nicht, jedes Mal einen Plastikbecher zu kaufen, der danach weggeworfen wird. Ich mag den Beach und das Meer. Und ich mag auch alle Lebewesen, die darin leben. Und selbst wenn ich sie nicht esse: Was hätte ich davon, wenn sie in unserem Plastikmüll ersticken?

Alle Gerichte, die Timo für dieses Kapitel kompiliert hat, eignen sich wunderbar für Picknicks oder einfach mal für zwischendurch. Quasi „to stay" und „to go". Allein oder mit anderen angehenden Veganer:innen.

[1] Anmerkung von Timo: Das ist gelogen.

MEXICAN BOWL

Eine Schüssel, alles drin. Wer bis hierher noch nicht zu den Bowl-Freund:innen zählte, wird spätestens ab jetzt dazugehören. Für diesen All-time Favourite braucht es nur noch eine Gabel und ein schönes Plätzchen – zum Beispiel im Park oder am Ufer – und fertig ist das Menü.

Zubereitungszeit 15–20 Minuten plus ca. 15 Minuten Backzeit
Für 2 Personen

Für die Bowl
1 kleine Süßkartoffel (300 g)
Salz
150 g Kidneybohnen aus der Dose (Abtropfgewicht)
1 EL gemahlener Kreuzkümmel
4–6 Stängel Koriandergrün
1 mittelgroße Avocado
Für die Tomatensauce
2 große Tomaten (insgesamt 240 g)
1 Zwiebel
1 Knoblauchzehe
1 EL Zitronensaft
Salz
schwarzer Pfeffer aus der Mühle

glutenfrei, ohne raffinierten Zucker, ohne Soja

Nährwerte pro Portion: 474 kcal
F 25 g, KH 48 g, B 17 g, EW 11 g

€€€€€

Den Backofen auf 180 °C Umluft vorheizen. Ein Backblech mit Backpapier auslegen. • Für die Bowl die **Süßkartoffel** schälen, in 1 cm große Würfel schneiden, **salzen,** auf das vorbereitete Backblech geben und etwa 15 Minuten auf der mittleren Schiene backen. Herausnehmen und lauwarm abkühlen lassen. • Inzwischen die **Bohnen** in ein Sieb abgießen, in eine Schüssel geben und mit **Kreuzkümmel** und **Salz** würzen. • Für die Tomatensauce die **Tomaten** waschen, Stielansätze entfernen und Fruchtfleisch grob in Würfel schneiden. **Zwiebel** schälen und in feine Würfel schneiden. **Knoblauchzehe** schälen, fein hacken und alles in ein hohes Mixgefäß geben. **Zitronensaft** hinzufügen und mit dem Stabmixer pürieren. Die Tomatensauce mit **Salz** und **Pfeffer** abschmecken. • **Koriander** waschen, trocken schütteln, die Blätter mit zarten Stängeln abzupfen und in feine Streifen schneiden. • **Avocado** halbieren, entkernen, das Fruchtfleisch mit einem Löffel vorsichtig auslösen und in Spalten schneiden. • Avocado, Süßkartoffeln und Bohnen in zwei Bowls anrichten, mit Tomatensauce beträufeln und mit Koriander garnieren. Oder zum Mitnehmen in zwei Lunchboxen geben.

Tipp Wenn ihr das Gericht in Lunchboxen gebt, achtet darauf, dass die Avocado mit Tomatensauce bedeckt ist, damit sie sich nicht bräunlich verfärbt.

TABOULÉ-SALAT

Dieser Klassiker aus der arabischen Küche ist genau das Richtige, wenn man länger sitzen muss und etwas Leichtes genießen möchte. Hat sich schon auf vielen Bahnreisen bewährt und lässt sich zur Freude aller Mitreisenden völlig geräusch- und geruchlos genießen. Wer will im Waggon schon der mit dem Eierbrötchen sein?

Zubereitungszeit 10 Minuten plus 20 Minuten Quellzeit
Für 2 Personen

60 g Bulgur
240 g Tomaten
1 Frühlingszwiebel
2–3 sehr große Bund glatte Petersilie (150 g)
6–7 Stängel Minze
2 EL Olivenöl
Saft von 1 Limette
Salz
schwarzer Pfeffer aus der Mühle
1 Prise gemahlener Zimt

ohne raffinierten Zucker,
ohne Soja

Nährwerte pro Portion: 257 kcal
F 11 g, KH 32 g, B 7 g, EW 8 g

€€€€€

Bulgur in eine Schüssel geben, mit 110 ml kochendem Wasser übergießen und abgedeckt 20 Minuten quellen lassen. • Inzwischen die **Tomaten** waschen, Stielansätze entfernen und Fruchtfleisch fein würfeln. **Frühlingszwiebel** putzen, waschen und in sehr feine Ringe schneiden. • **Petersilie** und **Minze** waschen, trocken schütteln, Blätter mit zarten Stielen abzupfen und in sehr feine Streifen schneiden (nicht hacken!) • Bulgur mit einer Gabel etwas auflockern, die Tomaten samt ausgetretenem Saft und Frühlingszwiebeln untermengen. Kräuter, **Öl** und **Limettensaft** dazugeben und mit **Salz, Pfeffer** und **Zimt** abschmecken. Servieren oder in zwei Lunchboxen füllen.

Tipp Das Verhältnis der Zutatenmengen zueinander kann bei einem Taboulé-Salat ganz unterschiedlich sein. Manche verwenden viel Bulgur und nur wenige Kräuter. Mein Favorit ist ein Taboulé-Salat mit sehr viel Petersilie, viel Minze, reichlich Tomate und relativ wenig Bulgur.

SOMMERROLLEN MIT ERDNUSS-PROTEIN-DIP

Die Füße im Sand, den Kopf in den Wolken, den Blick aufs Wasser. Einen freshen Eistee im Gepäck und Sommerrollen am Start. Ob am Venice Beach, an der Spree oder im Garten: Diese Sommerrollen sind schnell gemacht und gehen immer. Auch noch, wenn der Sommer geht.

Zubereitungszeit 25 Minuten
Für 2 Personen

Für den Dip
1 Knoblauchzehe
1–2-cm-Stück Ingwer (10 g)
Saft von ½ Limette
1 EL glutenfreie Sojasauce (z. B. Tamari)
1 EL Agavendicksaft
50 g Erdnussmus
Für die Rollen
1 Karotte (90 g)
1 Minigurke oder 1 Stück Salatgurke (90 g)
½ kleine rote Paprikaschote (90 g), entkernt
6 Stängel Koriandergrün
30 g Eisbergsalat
75 g Tofu Natur
1 ½ EL neutrales Pflanzenöl
4 Blätter Reispapier

glutenfrei, ohne raffinierten Zucker

Nährwerte pro Portion: 448 kcal
F 22 g, KH 37 g, B 7 g, EW 14 g

€€€€€

Für den Dip die **Knoblauchzehe** schälen und fein hacken. Den **Ingwer** schälen und sehr fein hacken. Beides in eine Schüssel geben, **Limettensaft, Sojasauce, Agavendicksaft** und **Erdnussmus** hinzufügen und glatt verrühren, dabei nach Bedarf etwas Wasser einarbeiten, sodass ein dickflüssiger Dip entsteht. In eine Schale füllen und beiseitestellen. • Für die Rollen die **Karotte** schälen und in dünne Stifte schneiden. **Gurke** und **Paprika** waschen und in dünne Streifen schneiden. **Koriander** waschen, trocken schütteln und Blätter abzupfen. **Eisbergsalat** waschen, trocken schütteln und in Streifen schneiden. **Tofu** ebenfalls in Streifen schneiden. • **Pflanzenöl** in einer Pfanne bei mittlerer Stufe erhitzen. Den Tofu darin unter gelegentlichem Wenden etwa 5 Minuten knusprig braten und vom Herd nehmen. • Eine große Schüssel mit warmem Wasser füllen. Ein **Reispapierblatt** darin kurz einweichen, auf einen großen Teller legen und leicht trocken tupfen. Je ein Viertel der vorbereiteten Zutaten und ein Viertel gebratenen Tofu als Strang auf die Mitte des Reispapiers legen, die Seiten über die Füllung schlagen, dann fest aufrollen. Auf die gleiche Weise drei weitere Rollen herstellen. • Die Sommerrollen mit dem Erdnussdip servieren oder zum Mitnehmen in eine Lunchbox geben und den Dip separat verpacken.

NO-TUNA-SANDWICH „CALIFORNIA STYLE“

Manchmal ist ein herzhaft belegtes Brot ohne Schnick und Schnack die köstlichste Mahlzeit auf Erden. Ganz besonders in oder nach Situationen, bei denen nichts vor- oder zurückgeht – wie im Stau. Wenn ihr also glaubt, es geht nichts mehr, kommt von irgendwo dies Sandwich her. Mit extra Vitamin- und Proteinkick dank köstlicher Sesampaste.

Zubereitungszeit 15 Minuten
Für 2 Personen

250 g Kichererbsen aus dem Glas (Abtropfgewicht)
1 Gewürzgurke
60 g Tahin
3–4 EL vegane Mayonnaise (40 g)
1 EL Senf
Salz
schwarzer Pfeffer aus der Mühle
50 g Romanasalat
2 Tomaten
1 rote Zwiebel
4 Scheiben Vollkornbrot

ohne Soja

Nährwerte pro Portion: 682 kcal
F 33 g, KH 59 g, B 13 g, EW 22 g

€€€€€

Kichererbsen in einem Sieb kurz abtropfen lassen, in eine große Schüssel geben und mit einem Kartoffelstampfer zerdrücken. • Die **Gewürzgurke** klein würfeln und zu den Kichererbsen geben. **Tahin, Mayonnaise** und **Senf** hinzufügen, vermengen und mit **Salz** und **Pfeffer** abschmecken. • **Romanasalat** waschen und trocken schütteln. **Tomaten** waschen, Stielansätze entfernen und Tomaten in Scheiben schneiden. **Zwiebel** schälen und in Ringe schneiden. • Kichererbsenmischung auf zwei **Brotscheiben** geben, dann mit Salat, Tomaten und Zwiebelringen belegen. Übrige **Brotscheiben** daraufsetzen. Sandwiches halbieren und auf zwei Teller legen oder zum Mitnehmen in Butterbrotpapier einwickeln.

BEERENJOGHURT MIT HANFPROTEIN

Nach dem Training ist vor dem Booster: Man muss nicht die über 300 Stufen der Santa Monica Stairs erklommen haben, um sich diesen Snack zu gönnen. Es können auch die Treppenstufen zu Hause oder an jedem anderen Ort sein. So oder so: Was so soft klingt wie dieser Rezeptquickie, ist dank Hanfprotein tatsächlich ein starker Proteinkick für die Muskeln. Und ein Nährstoff-Allrounder obendrein.

Zubereitungszeit 5–7 Minuten
Für 2 Personen

250 g Beeren (z. B. Brombeeren, kleine Erdbeeren, Blaubeeren, Rote Johannisbeeren)
400 g ungesüßter veganer Joghurt
40 g Hanfproteinpulver
20 g Hanfsamen

glutenfrei, ohne raffinierten Zucker, ohne Soja

Nährwerte pro Portion: 268 kcal
F 10 g, KH 9 g, B 4 g, EW 22 g

€€€€€

Erdbeeren entstielen, alle **Beeren** waschen und trocken tupfen. Zwei Drittel der Beeren in eine Schüssel geben, **Joghurt** und **Hanfproteinpulver** hinzufügen und vermengen. • Die Mischung in zwei Schalen geben, mit restlichen Beeren garnieren, mit **Hanfsamen** bestreuen und servieren oder zum Mitnehmen in zwei Lunchboxen geben.

Tipp Es gibt viele Sorten veganen Joghurt: Cashewjoghurt, Kokosjoghurt, Mandeljoghurt, Haferjoghurt oder Produkte aus Lupinen, Reis oder Hanf, „Skyr-Style" oder nicht. Sie passen alle sehr gut für dieses Rezept, aber achtet darauf, dass der Joghurt nicht gesüßt ist. Ihr könnt natürlich auch Sojajoghurt verwenden, wenn es nicht sojafrei zu sein braucht.

SWEET POTATO MASH MIT GEBRATENEM RÄUCHERTOFU

Nicht zu verwechseln mit der Kultserie aus den 1970er- und 1980er-Jahren namens „M*A*S*H", aber zubereitet in 25 Minuten – und damit genau in der Länge einer Folge. Und während die Sweet-Potato-Hälften noch im Ofen backen, bevor sie zu Mash püriert werden, lässt sich glatt noch eine zweite Folge starten.

Zubereitungszeit 25 Minuten plus 30–35 Minuten Backzeit
Für 2 Personen

400–500 g Süßkartoffel
2 EL Olivenöl plus etwas mehr zum Bestreichen
Salz
250 g Räuchertofu
4–5 Frühlingszwiebeln
schwarzer Pfeffer aus der Mühle
50 ml ungesüßte Pflanzenmilch

glutenfrei, ohne raffinierten Zucker

Nährwerte pro Portion: 554 kcal
F 18 g, KH 49 g, B 10 g, EW 28 g

€€€€€

Den Backofen auf 250 °C Umluft vorheizen. • **Süßkartoffel** gründlich waschen, rundum mehrfach mit einer Gabel einstechen und ungeschält längs halbieren. Die Schnittflächen mit etwas **Öl** bestreichen, **salzen,** in Alufolie wickeln und im vorgeheizten Ofen 30–35 Minuten backen. • **Räuchertofu** in kleine Würfel schneiden. Die **Frühlingszwiebeln** waschen, putzen und in feine Ringe schneiden. • Das **Öl** in einer Pfanne bei mittlerer Stufe erhitzen, den Räuchertofu etwa 5 Minuten rundum kross anbraten, dann mit **Salz** und **Pfeffer** würzen und warm halten. • Süßkartoffel aus dem Ofen nehmen, das Fruchtfleisch aus den Schalen kratzen (die Schalen beiseitelegen), mit **Pflanzenmilch** in einen Topf geben und mit dem Kartoffelstampfer pürieren. Kurz erhitzen und mit **Salz** und **Pfeffer** abschmecken. • Sweet Potato Mach in die Schalen füllen, den Räuchertofu darauf anrichten und mit Frühlingszwiebeln garniert servieren.

Tipp Wer Sweet Potato Mash gern sehr fein mag, püriert mit dem Stabmixer. Dieser leckere Snack schmeckt auch kalt sehr gut. Also einpacken und unterwegs genießen!

KIDNEYBOHNENSALAT

Eine kleine Analogie: „Diamonds are a girl's best friend", heißt es in einem weltberühmten Broadway- und Filmsong. Was für das Girl die Diamonds waren, war für den Gladiator im Römischen Reich die a) Banane, b) Reispfanne, c) Prise Salz, d) Bohne ...

Zubereitungszeit 10 Minuten
Für 2 Personen

200 g Kidneybohnen aus der Dose (Abtropfgewicht)
4–5 Frühlingszwiebeln
1 Knoblauchzehe
Saft von 1 Limette
2 EL Olivenöl
Salz
schwarzer Pfeffer aus der Mühle
1 Bund glatte Petersilie

glutenfrei, ohne raffinierten Zucker, ohne Soja

Nährwerte pro Portion: 201 kcal
F 11 g, KH 14 g, B 27 g, EW 8 g

€€€€€

Bohnen in ein Sieb abgießen und abtropfen lassen. **Frühlingszwiebeln** putzen, waschen und in Ringe schneiden. **Knoblauchzehe** schälen und fein hacken. • Bohnen, Frühlingszwiebeln und Knoblauch in eine Schüssel geben, dann **Limettensaft, Öl,** etwas **Salz** und **Pfeffer** hinzufügen und vermengen. • **Petersilie** waschen, trocken schütteln, die Blätter hacken und über den Bohnensalat streuen. Servieren oder in zwei Lunchboxen geben.

Tipp Ihr könnt den Salat auch mit weißen Bohnen oder Kichererbsen aus dem Glas zubereiten.

HUMMUS MIT GEMÜSESTICKS

Für den chilligen Filmabend auf dem Sofa oder wenn sich spontan Besuch ankündigt: Hummus ist schnell gemacht und mit Gemüsesticks eine bunte, knackige und echt leckere Art des Snackens. Als Freund:in der pflanzenbasierten Küche hat man die Basics wie Kichererbsen (etwa im Glas) ohnehin auf Vorrat und bestenfalls immer etwas frisches Gemüse im Haus.

Zubereitungszeit 20 Minuten
Für 2 Personen

Für den Hummus
150 g Kichererbsen aus dem Glas (Abtropfgewicht)
1 Knoblauchzehe
Saft von ½ Zitrone
2 EL Tahin
½ TL gemahlener Kreuzkümmel
Salz
2 EL Olivenöl
2 EL Sesamsaat
Für die Sticks
2 Karotten
100 g Staudensellerie
½ Salatgurke
1 rote Paprikaschote

glutenfrei, ohne raffinierten Zucker, ohne Soja

Nährwerte pro Portion: 400 kcal
F 24 g, KH 26 g, B 16 g, EW 13 g

€€€€€

Für den Hummus die **Kichererbsen** in ein Sieb abgießen und abtropfen lassen. **Knoblauchzehe** schälen und fein hacken. • Kichererbsen und Knoblauch in ein hohes Mixgefäß geben, dann **Zitronensaft, Tahin** und **Kreuzkümmel** hinzufügen und mit dem Stabmixer sehr fein pürieren. Wenn die Masse zu fest ist, etwas kaltes Wasser einarbeiten. Hummus mit **Salz** abschmecken, auf einem Teller verstreichen, mit **Olivenöl** beträufeln und mit **Sesam** bestreuen. • Für die Sticks die **Karotten** schälen und in Stifte schneiden. **Staudensellerie** putzen, das Grün abschneiden (anderweitig verwenden), waschen und in Stifte schneiden. **Gurke** waschen und ebenfalls in Stifte schneiden. **Paprika** waschen, entkernen und in Streifen schneiden. • Die Gemüsesticks mit dem Hummus servieren. Zum Mitnehmen den Hummus in eine Lunchbox geben und die Sticks extra verpacken.

Tipp Probiert mal eine geschmackliche Variante und verwendet für den Hummus statt Kreuzkümmel 1 Msp. Ras el-Hanout.

VIER-ZUTATEN-BROWNIE

Zubereitungszeit 10 Minuten plus ca. 20 Minuten Garzeit und ca. 25 Minuten Backzeit
Für 6 Brownies

450 g Süßkartoffel
80 g entsteinte Datteln
200 g gemahlene Mandeln
30 g Kakaopulver

glutenfrei, ohne raffinierten Zucker, ohne Soja

Nährwerte pro Stück: 324 kcal
F 19 g, KH 29 g, B 10 g, EW 10 g

€€€€€

Den Backofen auf 160 °C Umluft vorheizen. Den Boden einer Auflaufform (etwa 18 × 12 cm) mit Backpapier auslegen. • **Süßkartoffel** schälen und klein würfeln. In einen Topf geben, mit Wasser bedecken und etwa 20 Minuten weich kochen. • Abgießen, Süßkartoffeln in ein hohes Mixgefäß geben, die **Datteln** hinzufügen und mit dem Stabmixer fein pürieren. **Mandeln** und **Kakaopulver** vermengen, dazugeben und unterrühren. • Den cremigen Teig in die vorbereitete Auflaufform füllen und im vorgeheizten Ofen auf der mittleren Schiene etwa 25 Minuten backen. • Herausnehmen, auskühlen lassen und in sechs Stücke schneiden.

Tipp Wer es fruchtig mag, toppt die Brownies mit Erdbeeren.

SCHNELLE OAT-COOKIES

Zubereitungszeit 5 Minuten plus ca. 12 Minuten Backzeit
Für 14–16 Cookies

2 mittelgroße Bananen (insgesamt 300 g)
15 g vegane Bitterschokolade (mind. 70 % Kakaoanteil)
60 g veganes Proteinpulver
85 g zarte Haferflocken
40 g Erdnussmus

glutenfrei, ohne Soja

Nährwerte pro Stück: 71 kcal
F 2 g, KH 7 g, B 1 g, EW 5 g

€€€€€

Den Backofen auf 180 °C Umluft vorheizen. Ein Backblech mit Backpapier auslegen. • Die **Bananen** schälen und mit einer Gabel zerdrücken. Die **Schokolade** klein hacken. • Beides in eine Rührschüssel geben, **Proteinpulver, Haferflocken** und **Erdnussmus** zufügen und mit den Quirlen des Handrührgeräts vermischen. • Mit den Händen 14 bis 16 kleine Kugeln aus dem Teig formen, mit ausreichendem Abstand auf das vorbereitete Backblech geben und mit angefeuchteten Händen etwas flach drücken. Im vorgeheizten Ofen auf der mittleren Schiene etwa 12 Minuten goldbraun backen. • Herausnehmen und die Cookies auskühlen lassen.

GERÖSTETER ROSENKOHL MIT SÜSSKARTOFFELN

Zubereitungszeit 10 Minuten plus ca. 30 Minuten Backzeit
Für 2 Personen

300 g Süßkartoffel
300 g TK-Rosenkohl
1 EL Olivenöl
Salz
2 EL Haselnusskerne

glutenfrei, ohne raffinierten Zucker, ohne Soja

Nährwerte pro Portion: 304 kcal
F 11 g, KH 38 g, B 12 g, EW 9 g

€€€€€

Den Backofen auf 200 °C Umluft vorheizen. Ein Backblech mit Backpapier auslegen. • **Süßkartoffel** schälen, 2 cm groß würfeln und auf das vorbereitete Backblech geben. **Rosenkohl** zufügen, mit **Öl** beträufeln, **salzen,** vermengen, auf dem Blech verteilen und im vorgeheizten Ofen auf der mittleren Schiene etwa 30 Minuten backen. • **Haselnüsse** grob hacken. Das Blech aus dem Ofen nehmen, das Röstgemüse auf zwei Tellern anrichten, mit Nüssen garnieren und genießen. Oder abkühlen lassen und in zwei Lunchboxen füllen.

GURKEN-KARTOFFEL-SALAT

Zubereitungszeit 15 Minuten plus ca. 25 Minuten Garzeit
Für 2 Personen

350 g festkochende Kartoffeln
Salz
⅔ Salatgurke (300 g)
4 Stängel Dill
3 EL ungesüßter veganer Joghurt
1 TL Zitronensaft
schwarzer Pfeffer aus der Mühle

glutenfrei, ohne raffinierten Zucker, ohne Soja

Nährwerte pro Portion: 161 kcal
F 1 g, KH 31 g, B 5 g, EW 7 g

€€€€€

Kartoffeln waschen, ungeschält in einen Topf geben, mit Wasser bedecken, **salzen** und aufkochen. Dann abdecken und etwa 25 Minuten weich garen. Abgießen, pellen und noch warm in dünne Scheiben schneiden. • Die **Gurke** schälen, in feine Scheiben schneiden und in eine Schüssel geben. Den **Dill** waschen, trocken schütteln, grobe Stiele entfernen, fein hacken und hinzufügen. • Kartoffeln, **Joghurt** und **Zitronensaft** unterheben, mit **Salz** und **Pfeffer** abschmecken. Genießen oder zum Mitnehmen in zwei Lunchboxen geben.

TOMATEN-MAIS-SALAT

Macht allein farblich schon Laune! Erst recht, wenn sich unterwegs ein Hüngerchen meldet und man sich darüber freuen kann, die 15 Minuten vor Aufbruch zu Hause doch noch zum Zubereiten und Einpacken genutzt zu haben.

Zubereitungszeit 10–15 Minuten
Für 2 Personen

Für den Salat
150 g Maiskörner aus der Dose (Abtropfgewicht)
⅔ Salatgurke (300 g)
2 Tomaten
3–4 Frühlingszwiebeln
Salz
schwarzer Pfeffer aus der Mühle

Für das Dressing
50 g Tomatensauce (siehe Seite 108) oder passierte Tomaten
1 Spritzer Tabasco
1 EL Apfelessig
2 EL Olivenöl
Salz
schwarzer Pfeffer aus der Mühle

glutenfrei, ohne raffinierten Zucker, ohne Soja

Nährwerte pro Portion: 207 kcal
F 13 g, KH 19 g, B 7 g, EW 5 g

€€€€€

Für den Salat **Mais** in ein Sieb abgießen, kalt abbrausen und abtropfen lassen. **Gurke** waschen, längs halbieren, mit einem Teelöffel entkernen und in Würfel schneiden. **Tomaten** waschen, Stielansätze entfernen und Fruchtfleisch würfeln. **Frühlingszwiebeln** putzen, waschen und in Ringe schneiden. Alle vorbereiteten Zutaten in eine Schüssel geben und vermengen. • Für das Dressing **Tomatensauce, Tabasco, Essig** und **Öl** in einer Schüssel verrühren, mit **Salz** und **Pfeffer** würzen. • Das Dressing über den Salat träufeln, vermengen und mit **Salz** und **Pfeffer** abschmecken. Den Tomaten-Mais-Salat in zwei Schalen geben und genießen. Oder zum Mitnehmen in zwei Lunchboxen füllen.

QUINOA-PESTO-SALAT

Auch wenn man auf Reisen ist, kann man die Hoheit über seine Mahlzeiten behalten und muss nicht jeden Rastplatz mitnehmen. Wer sich mit abwechslungsreichen kulinarischen Kleinigkeiten eine Gaumenfreude bereiten will, ist mit diesem Quinoa-Pesto-Salat bestens bedient.

Zubereitungszeit 15 Minuten plus ca. 17 Minuten Gar- und Quellzeit
Für 2 Personen

100 g Quinoa
Salz
200 g Kichererbsen aus dem Glas (Abtropfgewicht)
40 g Rucola
75 g Kirschtomaten
1 rote Zwiebel
1–2 Frühlingszwiebeln
2 EL Apfelessig
2 EL veganes Pesto rosso
schwarzer Pfeffer aus der Mühle

glutenfrei, ohne raffinierten Zucker, ohne Soja

Nährwerte pro Portion: 347 kcal
F 8 g, KH 50 g, B 12 g, EW 15 g

€€€€€

Quinoa in ein feines Sieb geben und lauwarm abbrausen. 250 ml **Salzwasser** in einem Topf zum Kochen bringen, die Quinoa hinzufügen und abgedeckt bei niedriger Hitze etwa 12 Minuten garen. Vom Herd nehmen, etwa 5 Minuten quellen lassen, Deckel abnehmen, Quinoa mit einer Gabel auflockern und lauwarm abkühlen lassen. • Inzwischen die **Kichererbsen** in ein Sieb abgießen und abtropfen lassen. **Rucola** waschen und trocken schütteln. **Kirschtomaten** waschen und halbieren. Die **Zwiebel** schälen und in feine Würfel schneiden. **Frühlingszwiebeln** putzen, waschen und in feine Ringe schneiden. Alles in eine Schüssel geben und mischen. • **Essig** und **Pesto** in einer Schale verrühren und mit **Salz** und **Pfeffer** würzen. Das Dressing über die Salatmischung träufeln. • Quinoa zugeben, vermengen und mit **Salz** und **Pfeffer** abschmecken. Salat auf zwei Schalen verteilen und genießen. Zum Mitnehmen in Lunchboxen füllen.

Tipp Kichererbsen brause ich nicht ab, sondern lasse sie lediglich abtropfen, denn das Aquafaba (Kochflüssigkeit) ist sehr aromatisch. Wer das nicht mag, der kann Kichererbsen natürlich auch kalt abbrausen und abtropfen lassen.

CALIFORNIA SUNSET

LEICHTES FÜR DEN ABEND

Es gibt doch keine Urlaubsfotogalerie ohne ein Sonnenuntergangsbild. Für die einen mag es kitschig sein, aber wenn wir ehrlich sind: So ein Sonnenuntergang ist doch nicht nur optisch etwas Wunderbares. Er bedeutet doch auch: The day is done, the warriors may rest. Alles ist erledigt. Und zur Krönung gibt es ein richtig gutes, leichtes veganes Essen. Allein oder mit Freunden.

Das Abendessen hängt geografisch und historisch damit zusammen, wo man aufwächst. Je nördlicher man kommt, desto weniger Zeit haben sich die Menschen von jeher fürs Mittagessen genommen. Was dazu führt, dass man sich abends sehr viele Kalorien wieder zuführen muss, die man tagsüber verloren hat. Je südlicher man kommt, desto länger ist die Mittagspause. In Südeuropa geht sie oft bis zu vier Stunden. Erst wird kalorienreich gegessen, zum Beispiel Pasta. Dann wird lange Pause gemacht. Das ergibt Sinn, weil es in den mediterranen Ländern gerade im Sommer um die Mittagszeit einfach zu heiß zum Arbeiten ist. Am späten Nachmittag macht man sich noch einmal auf und legt einen Endspurt Richtung Abend ein. Weil man aber mittags sozusagen aufgetankt hat, muss man abends nur noch nachtanken.

Ich bin ja in der Einleitung schon auf die Ernährung der echten Gladiatoren zu sprechen gekommen. Dieses Kapitel dient eher dem reinen Genuss. Wir ziehen die Schuhe aus, lassen uns eine sanfte Brise um die nackten Füße, die den ganzen Tag gelaufen sind, wehen, trinken ein Glas veganen Wein, snacken ein paar Nüsse oder ein Stück Baguette mit Hummus und wenn wir merken, dass wir doch noch gern eine leichte Mahlzeit hätten, dann hat mein Freund Timo in diesem Kapitel alles bedacht, was man dafür braucht.

PIZZA MIT KICHERERBSENBODEN

Was haben alle Pizzen dieser Welt gemeinsam? Geteilt machen sie am meisten Freu(n)de. Und wenn sie wie diese proteinreiche Low-Carb-Version nicht gleich auf der Hüfte landen, ist die Freude doppelt groß.

Zubereitungszeit 20 Minuten plus 20 Minuten Backzeit
Für 2 Personen

Für den Belag
1 kleine Zucchini (100 g)
1 Tomate
1 Zwiebel
30 g Rucola
1 EL Olivenöl
Salz
schwarzer Pfeffer aus der Mühle
Für den Teig
120 g Kichererbsenmehl
2 EL Olivenöl
1 Prise Salz
Für den Hummus
350 g Kichererbsen aus dem Glas (Abtropfgewicht)
1 Knoblauchzehe
1 EL Olivenöl
1 EL Zitronensaft
Salz
schwarzer Pfeffer aus der Mühle

glutenfrei, ohne raffinierten Zucker, ohne Soja

Nährwerte pro Portion: 639 kcal
F 29 g, KH 57 g, B 24 g, EW 26 g

€€€€€

Den Backofen auf 200 °C Umluft vorheizen. Ein Backblech mit Backpapier auslegen. • Für den Belag die **Zucchini** putzen, waschen, längs halbieren und in Scheiben schneiden. **Tomate** waschen, halbieren, Stielansatz entfernen und das Fruchtfleisch in Scheiben schneiden. Die **Zwiebel** schälen, halbieren und in feine Streifen schneiden. **Rucola** waschen und abtropfen lassen. • Für den Teig **Kichererbsenmehl, Öl** und **Salz** mit 260 ml Wasser in einer Schüssel verrühren. Den Boden einer ofenfesten Pfanne mit Backpapier auslegen, den Teig hineinfüllen und im vorgeheizten Ofen etwa 20 Minuten backen, bis der Teig goldbraun ist. • Zucchini, Tomaten und Zwiebeln auf das vorbereitete Backblech geben, mit **Öl** beträufeln, **salzen** und **pfeffern,** vermengen, verteilen, ebenfalls in den Ofen geben und etwa 15 Minuten backen. • In der Zwischenzeit für den Hummus die **Kichererbsen** in ein Sieb abgießen und kurz abtropfen lassen. **Knoblauchzehe** schälen. Beides in ein hohes Mixgefäß geben, **Öl, Zitronensaft,** etwas **Salz** und **Pfeffer** zufügen und mit dem Stabmixer cremig pürieren. • Den fertig gebackenen Pizzaboden aus dem Ofen nehmen, vom Backpapier lösen, mit dem Hummus bestreichen und mit dem Ofengemüse belegen. Mit Rucola garnieren, in Stücke schneiden und genießen.

ZOODLES MIT GRÜNKOHL-TOFU-PFANNE

Nudeln aus Zucchini sind immer eine gute Idee. Und besonders, wenn man im Kino nicht mit vollgeschlagenem Bauch sitzen möchte oder das Abendessen etwas später ausfällt.

Zubereitungszeit 25 Minuten
Für 2 Personen

Für Tofu und Grünkohl
250 g Räuchertofu
2 EL neutrales Pflanzenöl
150 g Grünkohl
Salz
schwarzer Pfeffer aus der Mühle
1 EL Zitronensaft
Für die Zoodles
1 Knoblauchzehe
2 EL neutrales Pflanzenöl
1 EL Zitronensaft
2 EL Tahin
4 EL Hefeflocken
2 EL Agavendicksaft
3 EL glutenfreie Sojasauce (z. B. Tamari)
1 Msp. gemahlene Kurkuma
50 ml Gemüsebrühe
Salz
schwarzer Pfeffer aus der Mühle
2 große Zucchini (insgesamt 460 g)
1-2 Stängel Basilikum
Außerdem
Spiralschneider (alternativ Sparschäler; siehe Tipp)

glutenfrei, ohne raffinierten Zucker

Nährwerte pro Portion: 645 kcal
F 27 g, KH 31 g, B 14 g, EW 40 g

€€€€€

Den **Räuchertofu** in Würfel schneiden. Das **Öl** in einer Pfanne auf mittlerer Stufe erhitzen, den Räuchertofu darin 5 Minuten rundum anbraten. • Währenddessen den **Grünkohl** waschen, dicke Mittelrippen entfernen, trocken schütteln und die Blätter zerzupfen. Zum Tofu geben und etwa 5 Minuten mitbraten. Mit **Salz** und **Pfeffer** würzen und den **Zitronensaft** darüberträufeln. • Inzwischen für die Zoodles die **Knoblauchzehe** schälen und in Scheiben schneiden. Mit **Öl, Zitronensaft, Tahin, Hefeflocken, Agavendicksaft, Sojasauce, Kurkuma** und **Brühe** in ein hohes Mixgefäß geben und mit dem Stabmixer cremig pürieren. Das Dressing mit **Salz** und **Pfeffer** abschmecken. • Die **Zucchini** putzen, waschen, mit dem Spiralschneider zu dünnen Nudeln verarbeiten und in eine Schüssel geben. Das Dressing darübergeben und vermengen. • **Basilikum** waschen, trocken schütteln und die Blätter abzupfen. Zoodles in zwei Schalen geben, die Grünkohl-Tofu-Mischung darauf anrichten und mit Basilikum garnieren.

Tipp Falls kein Spiralschneider vorhanden ist, mit dem Sparschäler von den Zucchini sehr dünne Streifen abziehen und mit dem Dressing vermischen.

PORTOBELLO-BURGER MIT LINSEN-PATTY

Es ist nicht klar, wer den ursprünglichen (Ham-)Burger wo erfunden hat: War es in Hamburg? In den USA? Klar ist aber, dass dieser Portobello ein Gladiator unter den Pilzen ist und deshalb ganz grandios als Boden und Deckel (statt Brötchen) den Linsen-Patty in die Mangel nimmt.

Zubereitungszeit 20 Minuten plus ca. 10 Minuten Garzeit und ca. 20 Minuten Backzeit
Für 2 Personen

100 g rote Linsen
4 Portobello-Pilze (sehr große Champignons)
30 g Walnusskerne
60 g Paniermehl
Salz
2 EL neutrales Pflanzenöl
1 EL Senf
1 EL Ahornsirup
1 Tomate
1 rote Zwiebel
20 g Feldsalat

ohne raffinierten Zucker,
ohne Soja

Nährwerte pro Portion: 539 kcal
F 21 g, KH 56 g, B 13 g, EW 24 g

€€€€€

Die **Linsen** in ein Sieb geben und kalt abbrausen. In einen Topf geben, mit Wasser bedecken, aufkochen und etwa 10 Minuten weich garen. Dann abgießen und abtropfen lassen. • In der Zwischenzeit den Backofen auf 180 °C Umluft vorheizen. Ein Backblech mit Backpapier auslegen. • **Portobello-Pilze** mit Küchenpapier säubern und Stiele entfernen. **Walnusskerne** mit den Händen zerkrümeln. • Linsen, Walnüsse, **Paniermehl** und etwas **Salz** in einem hohen Mixgefäß grob vermengen, dann mit dem Stabmixer zu einer geschmeidigen Masse pürieren. • Aus dem Linsenteig zwei Burgerpattys formen und auf das vorbereitete Backblech legen. Pilze zu den Pattys auf das Blech geben und alles mit **Öl** beträufeln. Im vorgeheizten Ofen auf der mittleren Schiene etwa 20 Minuten backen. • In der Zwischenzeit **Senf** und **Ahornsirup** in einer Schale vermengen. **Tomate** waschen, Stielansatz entfernen und Fruchtfleisch in Scheiben schneiden. **Zwiebel** schälen, halbieren und in Streifen schneiden. **Feldsalat** waschen und trocken schütteln. • Das Blech aus dem Ofen nehmen und die Mulden der Portobello-Pilze mit der Senfcreme bestreichen. Zwei Pilze mit etwas Tomaten, Zwiebeln und Feldsalat füllen, Pattys drauflegen, mit restlichen Tomaten und Zwiebeln und übrigem Salat belegen und die übrigen Portobello-Pilze so daraufsetzen, dass „Burger" entstehen. Direkt servieren und genießen.

ONE-POT-TOMATENREIS MIT KIDNEYBOHNEN UND PAPRIKA

Everybody's Darling des Abends: ein leichtes Mahl, das auch den Geschmack von überraschend vor der Tür stehenden Gästen treffen wird.

Zubereitungszeit 15 Minuten plus ca. 10–15 Minuten Garzeit
Für 2 Personen

125 g Reis
150 g Maiskörner aus der Dose (Abtropfgewicht)
360 g Kidneybohnen aus der Dose (Abtropfgewicht)
½ rote Paprikaschote
1 gelbe Paprikaschote
1 Knoblauchzehe
410 g gehackte Tomaten aus der Dose
Salz
schwarzer Pfeffer aus der Mühle
½ TL edelsüßes Paprikapulver
1 Msp. getrockneter Oregano

glutenfrei, ohne raffinierten Zucker, ohne Soja

Nährwerte pro Portion: 536 kcal
F 8 g, KH 95 g, B 21 g, EW 23 g

€€€€€

Den **Reis** mit 190 ml Wasser in einen Topf geben, aufkochen und bei mittlerer Hitze 10–15 Minuten köcheln lassen. • In der Zwischenzeit **Mais** und **Kidneybohnen** zusammen in ein Sieb abgießen, kalt abbrausen und abtropfen lassen. • **Rote Paprika** entkernen, waschen und in 1 cm große Würfel schneiden. **Gelbe Paprika** waschen, entkernen und ebenfalls 1 cm groß würfeln. **Knoblauchzehe** schälen und fein hacken. • Mais, Kidneybohnen, Paprika und Knoblauch mit den **Tomaten** zum köchelnden Reis geben und gut vermengen. **Salzen** und **pfeffern, Paprikapulver** und **Oregano** einrühren und 10–15 Minuten bei niedriger Hitze köcheln lassen. • One-Pot-Tomatenreis auf zwei Tellern anrichten und genießen.

LINSEN-KOHL-EINTOPF

Eintöpfe erinnern an Zuhause, haben schon immer etwas Heimeliges an sich gehabt und sind deshalb wunderbar für gemütliche Abende zu zweit oder mit Family 'n' Friends. Ein Topf für alle, alle für einen Topf!

Zubereitungszeit 20 Minuten plus ca. 20 Minuten Garzeit
Für 2 Personen

1 Zwiebel
300 g Weißkohl
2 EL neutrales Pflanzenöl
80 g rote Linsen
250 ml Gemüsebrühe
400 g gehackte Tomaten aus der Dose
2 EL Tomatenmark
3 Stängel glatte Petersilie
Salz
schwarzer Pfeffer aus der Mühle
2 EL ungesüßter veganer Joghurt

glutenfrei, ohne raffinierten Zucker, ohne Soja

Nährwerte pro Portion: 322 kcal
F 11 g, KH 39 g, B 12 g, EW 16 g

€€€€€

Zwiebel schälen und in feine Würfel schneiden. **Weißkohl** waschen, Strunk entfernen und würfeln. • **Öl** in einem großen Topf auf mittlerer Stufe erhitzen. Zwiebeln, Weißkohl und **Linsen** darin 5 Minuten anbraten. Mit **Brühe** ablöschen, **Tomaten** und **Tomatenmark** zugeben, abdecken und etwa 20 Minuten köcheln lassen. • **Petersilie** waschen, trocken schütteln und die Blätter fein hacken. • Den Eintopf mit **Salz** und **Pfeffer** abschmecken, auf zwei Schalen verteilen und mit **Joghurt** und Petersilie garnieren. Guten Appetit!

GEBACKENE SÜSSKARTOFFEL MIT ERBSEN-HUMMUS

Wenn man das erste Ma(h)l für die Eltern vegan kochen und sichergehen möchte, dass es schmeckt und nichts schiefgeht.

Zubereitungszeit 20 Minuten plus ca. 30 Minuten Backzeit
Für 2 Personen

Für Süßkartoffel, Salat und Tomaten
1 große Süßkartoffel (600 g)
30 g Rucola
200 g Kirschtomaten
2 EL gesalzene Erdnusskerne
Für den Erbsen-Hummus
240 g Kichererbsen aus dem Glas (Abtropfgewicht)
120 g Erbsen aus der Dose (Abtropfgewicht)
2 Knoblauchzehen
2 EL Olivenöl
3 EL Tahin
Saft von ½ Zitrone
Salz
schwarzer Pfeffer aus der Mühle
Für die Sauce
1 Knoblauchzehe
2 EL Erdnussmus
2 EL glutenfreie Sojasauce (z. B. Tamari)
1 EL Agavendicksaft
1 TL gehackter Ingwer

glutenfrei, ohne raffinierten Zucker

Nährwerte pro Portion: 834 kcal
F 32 g, KH 101 g, B 21 g, EW 27 g

€€€€€

Den Backofen auf 180 °C Umluft vorheizen. Ein Backblech mit Backpapier auslegen. • **Süßkartoffel** waschen, rundum mit einer Gabel einstechen, längs halbieren, mit den Schnittseiten auf das vorbereitete Backblech legen und im vorgeheizten Ofen etwa 30 Minuten backen. • In der Zwischenzeit den **Rucola** waschen und gut abtropfen lassen. **Tomaten** waschen und vierteln. • Für den Erbsen-Hummus **Kichererbsen** und **Erbsen** zusammen in ein Sieb abgießen und abtropfen lassen. **Knoblauchzehen** schälen. Kichererbsen, Erbsen und Knoblauch mit **Öl, Tahin** und **Zitronensaft** in ein hohes Mixgefäß geben und mit dem Stabmixer cremig pürieren. Mit **Salz** und **Pfeffer** abschmecken. • Für die Sauce die **Knoblauchzehe** schälen, fein hacken und in einer Schüssel mit **Erdnussmus, Sojasauce, Agavendicksaft** und **Ingwer** gut verrühren. Bei Bedarf mit etwas Wasser verdünnen. • Süßkartoffel aus dem Ofen nehmen, auf zwei Teller geben, auf den Schnittseiten mit einer Gabel je eine kleine Mulde bilden und mit etwas Erbsen-Hummus füllen. Restlichen Hummus mit Rucola und Tomaten daneben anrichten, mit Erdnusssauce beträufeln und mit **Erdnüssen** garnieren.

Tipp Die Hummusmenge ist reichlich. Falls was übrig bleibt: Luftdicht verpackt hält sich der Erbsen-Hummus 2–3 Tage im Kühlschrank – wenn er nicht vorher schon weggefuttert wird.

GRÜNKOHLSALAT MIT FALAFELN UND MINZE-JOGHURT-DIP

Man soll die Feste feiern, wie sie fallen, heißt es. So ähnlich verhält es sich mit Grünkohl. Der hat eben nur ein begrenztes Zeitfenster im Jahr Saison und versüßt einem als Salat in dieser Kombination mit Falafeln und Minznote den Winter.

Zubereitungszeit 25 Minuten
Für 2 Personen

Für die Falafeln
200 g Kichererbsen aus dem Glas (Abtropfgewicht)
3 Stängel glatte Petersilie
1 Schalotte
1 Knoblauchzehe
1 EL Zitronensaft
1 EL Speisestärke
Salz
schwarzer Pfeffer aus der Mühle
2 EL neutrales Pflanzenöl
Für den Salat
Salz
100 g Grünkohl
100 g Strauchtomaten
¼ Salatgurke (100 g)
1 EL weiße Sesamsaat
Für den Dip
1–2 Stängel Minze
100 g ungesüßter veganer Joghurt
1 TL Olivenöl
1 EL Zitronensaft
Salz
schwarzer Pfeffer aus der Mühle

glutenfrei, ohne raffinierten Zucker, ohne Soja

Nährwerte pro Portion: 344 kcal
F 19 g, KH 25 g, B 10 g, EW 13 g

€€€€€

Für die Falafeln die **Kichererbsen** in ein Sieb abgießen und abtropfen lassen. **Petersilie** waschen, trocken schütteln, einige Blätter zum Garnieren beiseitelegen, den Rest fein hacken. **Schalotte** schälen und in feine Würfel schneiden. **Knoblauchzehe** schälen und grob hacken. • Kichererbsen mit gehackter Petersilie, Schalotten, Knoblauch, **Zitronensaft** und **Speisestärke** in ein hohes Mixgefäß geben und mit dem Stabmixer fein pürieren. Mit **Salz** und **Pfeffer** würzen und etwa 10 Minuten kalt stellen. • Inzwischen für den Salat reichlich **Salzwasser** in einem Topf zum Kochen bringen. **Grünkohl** waschen, dicke Mittelrippen entfernen und die Blätter zerzupfen. Ins kochende Wasser geben und 2 Minuten blanchieren. Mit einem Schaumlöffel herausheben, eiskalt abschrecken und in einem Sieb abtropfen lassen. • Die **Tomaten** waschen, die Stielansätze entfernen und das Fruchtfleisch in 1 cm große Stücke schneiden. **Gurke** waschen und ebenfalls in 1 cm große Stücke schneiden. • **Öl** in einer Pfanne auf mittlerer Stufe erhitzen. Aus der Kichererbsenmasse etwa 3 cm große Bratlinge formen und im heißen Öl von beiden Seiten jeweils 2–3 Minuten goldbraun anbraten. • Währenddessen für den Dip die **Minze** waschen, trocken schütteln, Blätter fein hacken und in eine Schüssel geben. **Joghurt, Olivenöl** und **Zitronensaft** hinzufügen, vermengen und mit **Salz** und **Pfeffer** abschmecken. • Grünkohl in zwei tiefe Teller geben, Tomaten, Gurken und Falafeln darauf anrichten und mit Minze-Joghurt-Dip, **Sesam** und Petersilie garniert servieren.

PROTEIN-SANDWICH MIT ROTE-BETE-AUBERGINEN-SALAT

Alle Umzugskisten im fünften Stock angekommen, der Herd ist angeschlossen und nichts ist kaputt gegangen. Außer den Kumpels, denen der Magen jetzt in den Kniekehlen hängt? Dann nehmt das und haut rein!

Zubereitungszeit 15–20 Minuten plus ca. 20 Minuten Garzeit
Für 2 Personen

Saft von ½ Zitrone
2 EL heller Balsamico-Essig
½ TL Sojasauce
Salz
1 Aubergine
1 kleine Zwiebel
2 Gewürzgurken
150 g geschälte gegarte Rote Beten (z. B. vakuumverpackt)
2–3 EL veganer Frischkäse Natur
2–3 EL ungesüßter veganer Joghurt
schwarzer Pfeffer aus der Mühle
2 Stängel glatte Petersilie
4 Scheiben Eiweißbrot
1 EL vegane Margarine

Nährwerte pro Portion: 430 kcal
F 17 g, KH 34 g, B 7 g, EW 28 g

€€€€€

500 ml Wasser, **Zitronensaft, Essig, Sojasauce** und etwas **Salz** in einem Topf auf mittlerer Stufe zum Kochen bringen. • Währenddessen die **Aubergine** schälen, längs halbieren und in 2 cm große Stücke schneiden. In den kochenden Sud geben und etwa 20 Minuten köcheln lassen. Dann abgießen, Auberginen auf Küchenpapier legen und gut trocken tupfen. • Inzwischen die **Zwiebel** schälen, halbieren und in dünne Streifen schneiden. **Gewürzgurken** und **Rote Beten** klein würfeln. • **Frischkäse** und **Joghurt** in einer Schüssel verrühren. Zwiebeln, Gewürzgurken und Rote Beten hinzufügen und vermengen. Die Auberginen unterheben, mit **Salz** und **Pfeffer** abschmecken und 15 Minuten kalt stellen. • **Petersilie** waschen, trocken schütteln und die Blätter grob hacken. Die **Eiweißbrote** mit **Margarine** bestreichen. Auberginensalat auf zwei Scheiben verteilen, mit Petersilie bestreuen und die anderen beiden Brotscheiben darauflegen. • Die Sandwiches auf zwei Teller geben und genießen.

Tipp Wer möchte, kann die Brote vorher im Toaster oder Sandwichmaker toasten.

FASOLADA – GRIECHISCHE WEISSE-BOHNEN-SUPPE

Verregnete und ungemütliche Sonntage kann man sich mit Gedanken an sonnige Zeiten schön spinnen. Oder aktiv sein und mit ein bisschen Greek Cuisine warm und glücklich werden.

Zubereitungszeit 20 Minuten plus ca. 13 Minuten Garzeit
Für 2 Personen

2 Karotten
1 kleine Zwiebel
100 g Staudensellerie
1 Knoblauchzehe
2 EL Olivenöl
1 Lorbeerblatt
500 ml Gemüsebrühe
250 g weiße Bohnen aus der Dose (Abtropfgewicht)
1 EL Tomatenmark
1–2 Prisen edelsüßes Paprikapulver
Salz
schwarzer Pfeffer aus der Mühle

glutenfrei, ohne raffinierten Zucker, ohne Soja

Nährwerte pro Portion: 248 kcal
F 12 g, KH 21 g, B 14 g, EW 10 g

€€€€€

Karotten schälen und würfeln. **Zwiebel** schälen und grob würfeln. **Stangensellerie** putzen, waschen, das Grün abschneiden und zum Garnieren beiseitelegen, die Stangen klein würfeln. **Knoblauchzehe** schälen und fein würfeln. • **Öl** in einem Topf auf hoher Stufe erhitzen und das Gemüse darin 3 Minuten anbraten. **Lorbeerblatt** hinzugeben, mit **Brühe** ablöschen und abgedeckt auf mittlerer Stufe etwa 10 Minuten köcheln lassen. • Inzwischen die **Bohnen** in ein Sieb abgießen und abtropfen lassen. Zur Suppe geben und weitere 3 Minuten mitgaren. **Tomatenmark** einrühren und mit **Paprikapulver, Salz** und **Pfeffer** abschmecken. • Das Selleriegrün fein hacken. Die Fasolada in tiefe Teller oder Schalen füllen und mit Selleriegrün bestreut servieren.

SWEET POTATO FRIES MIT PEPITA-SALSA

Quick and dirty und so lecker. Der direkte und unkomplizierteste Weg zu einer Schüssel hot fries.

Zubereitungszeit 20 Minuten
Für 2 Personen

Für die Pommes
500 g TK-Süßkartoffelpommes
Salz
schwarzer Pfeffer aus der Mühle
1 Prise Chilipulver
Für die Salsa
25 g Kürbiskerne
1 kleine Zwiebel
1 Knoblauchzehe
3 Tomaten
1 ½ EL Olivenöl
3–4 Stängel Koriandergrün
50 g geröstete Paprikaschoten aus dem Glas
1 Prise Chilipulver
Saft von ½ Limette
Salz
schwarzer Pfeffer aus der Mühle

glutenfrei, ohne raffinierten Zucker, ohne Soja

Nährwerte pro Portion: 567 kcal
F 33 g, KH 51 g, B 2 g, EW 12 g

€€€€€

Den Backofen auf 180 °C Umluft vorheizen. Zwei Backbleche mit Backpapier auslegen. • Die gefrorenen **Süßkartoffelpommes** auf einem der Backbleche verteilen und im vorgeheizten Ofen etwa 20 Minuten goldbraun backen. • Für die Salsa die **Kürbiskerne** auf das zweite Backblech geben, auch in den vorgeheizten Ofen schieben und 5 Minuten rösten. • Währenddessen die **Zwiebel** schälen und in feine Würfel schneiden. **Knoblauchzehe** schälen und grob hacken. **Tomaten** waschen, Stielansätze entfernen und halbieren. Alles auf das Blech mit den Kürbiskernen geben, **Öl** darüberträufeln und 5 Minuten weiterrösten. • Inzwischen den **Koriander** waschen, trocken schütteln und Blätter abzupfen. **Paprika** abgießen, grob würfeln und in ein hohes Mixgefäß geben. • Das Blech mit Kürbiskernen und Tomaten aus dem Ofen nehmen, kurz abkühlen lassen, dann zur Paprika geben und mit dem Stabmixer 2 Minuten zu einer Sauce mixen. Koriander, **Chilipulver** und **Limettensaft** dazugeben, nochmals durchmixen und die Salsa mit **Salz** und **Pfeffer** abschmecken. • Pommes aus dem Ofen nehmen und noch auf dem Blech mit **Salz, Pfeffer** und **Chilipulver** würzen. Auf zwei Teller verteilen und mit der Salsa servieren.

Tipp Pepita nennt man in Nordamerika geröstete Kürbiskerne der Pepita-Kürbissorte.

TEX-MEX-TACO MIT CHILI SIN CARNE UND KORIANDER

Mit Tacos kann man sich und seinen Liebsten immer eine Freude machen. Nur nicht vergessen: Koriander spaltet die Gemüter und kann ein Gamechanger für jede Beziehung sein. Also love it or leave it.

Zubereitungszeit 25 Minuten plus 30 Minuten Garzeit
Für 2 Personen

1 Zwiebel
1 Knoblauchzehe
150 g Kidneybohnen aus der Dose (Abtropfgewicht)
130 g Mais aus der Dose (Abtropfgewicht)
1 EL neutrales Pflanzenöl
200 g frisches veganes Hack (aus dem Kühlregal)
1 EL Tomatenmark
100 ml Gemüsebrühe
200 g gehackte Tomaten aus der Dose
1 TL edelsüßes Paprikapulver
1 Msp. getrockneter Oregano
1 Msp. Chilipulver
2–3 EL aufgebrühter starker Kaffee oder Espresso
3–4 Stängel Koriandergrün
2 EL Limettensaft
2 Taco Shells

ohne raffinierten Zucker, ohne Soja

Nährwerte pro Portion: 380 kcal
F 10 g, KH 42 g, B 24 g, EW 30 g

€€€€€

Zwiebel schälen und würfeln. **Knoblauchzehe** schälen und fein hacken. **Bohnen** und **Mais** zusammen in ein Sieb abgießen, abbrausen und abtropfen lassen. • **Öl** in einem Topf auf mittlerer Stufe erhitzen, Zwiebeln und Knoblauch darin 1–2 Minuten anbraten. Das **Hack** dazugeben und 7–10 Minuten kross anbraten. **Tomatenmark** hinzufügen und etwa 1 Minute mitbraten. • Mit **Brühe** ablöschen und **Tomaten** einrühren. **Paprikapulver, Oregano, Chilipulver** und **Kaffee** dazugeben, aufkochen und bei niedriger Hitze 20 Minuten köcheln lassen, dabei hin und wieder umrühren. Bohnen und Mais einrühren und weitere 10 Minuten köcheln lassen. • **Koriander** waschen, trocken schütteln und die Blätter fein hacken. **Limettensaft** in die Hackmischung rühren. • Chili sin Carne in die beiden **Taco Shells** füllen, auf Teller setzen und mit Koriander garniert servieren.

Tipps Taco Shells sind knusprig frittierte dünne Mais-Tortillas, die zu Schalen geformt sind, sodass man sie schön füllen kann. Je nach Hersteller kann frisches veganes Hack aus unterschiedlichen Zutaten bestehen, die Basis ist gern Hülsenfrüchteprotein. Da veganes Hack meistens Gluten enthält, solltet ihr bei Glutenunverträglichkeit darauf achten, dass das Produkt glutenfrei ist. Oder verwendet stattdessen eingeweichtes Sojagranulat oder zerkrümelten Tofu.

REISWAFFELN MIT CURRY-DATTEL-AUFSTRICH

Zubereitungszeit 10 Minuten
Für 2 Personen

1 rote Zwiebel
50 g entsteinte Datteln
2–3 Stängel Koriandergrün
75 g veganer Frischkäse
1 EL Zitronensaft
1 TL Currypulver
1 Prise gemahlener Kreuzkümmel
Salz
schwarzer Pfeffer aus der Mühle
4 Reiswaffeln

glutenfrei, ohne raffinierten Zucker, ohne Soja

Nährwerte pro Portion: 228 kcal
F 9 g, KH 30 g, B 4 g, EW 4 g

€€€€€

Zwiebel schälen und fein würfeln. **Datteln** klein hacken. **Koriander** waschen, trocken schütteln, die Blätter mit zarten Stängeln fein hacken und alles in eine Schüssel geben. • **Frischkäse, Zitronensaft, Currypulver** und **Kreuzkümmel** hinzufügen und vermengen. Mit **Salz** und **Pfeffer** abschmecken. • Den Curry-Dattel-Aufstrich auf den **Reiswaffeln** verteilen und servieren. Guten Appetit!

QUINOA MIT GERÖSTETEM ROTKOHL

Zubereitungszeit 10 Minuten
plus 10 Minuten Garzeit
Für 2 Personen

2 Zwiebeln
100 g Rotkohl
3 EL Olivenöl
100 ml Apfelsaft
400 g „Veggie-Mix Kürbis, Quinoa" (TK-Fertigmischung, siehe Tipp), aufgetaut
50 g Walnusskerne
Salz
schwarzer Pfeffer aus der Mühle

glutenfrei, ohne Soja

Nährwerte pro Portion: 521 kcal
F 37 g, KH 31 g, B 4 g, EW 13 g

€€€€€

Zwiebeln schälen, halbieren und in feine Streifen schneiden. **Rotkohl** waschen, Strunk entfernen und in feine Streifen hobeln. • 1 EL **Öl** in einer Pfanne auf mittlerer Stufe erhitzen und die Zwiebeln darin anrösten. Rotkohl dazugeben und 3 Minuten braten. • **Apfelsaft** angießen, aufkochen und so lange bei geringer Hitze köcheln lassen, bis die Flüssigkeit vollständig verkocht ist – das dauert etwa 10 Minuten. • **Veggie-Mix** und restliches **Öl** hinzugeben und 5 Minuten unter Rühren anrösten. **Walnüsse** grob hacken, dazugeben und mit **Salz** und **Pfeffer** abschmecken. • In zwei Schalen füllen und servieren.

Tipp „Veggie-Mix Kürbis, Quinoa" ist eine vegane, tiefgefrorene gewürzte Gemüsemischung mit Kürbis, Brokkoli, Quinoa, Linsen und Erbsen.

TOFU STIR FRY MIT PAK CHOI, BROKKOLI UND KAROTTE

Ein perfekter Tag? Nach einer tagesfüllenden Tour auf dem Bike einen Sundowner genießen und den Abend mit etwas Knackigem aus der Pfanne ausklingen lassen. Während die Sonne untergeht, einfach die Zeit nutzen und den Tofu in der Marinade ziehen lassen, bevor er später in sehr heißem Öl in der Pfanne brutzelt.

Zubereitungszeit 15–20 Minuten plus 30 Minuten Marinierzeit
Für 2 Personen

250 g Tofu Natur
2 Knoblauchzehen
4 EL glutenfreie Sojasauce (z. B. Tamari)
1 EL Sriracha-Sauce
1-cm-Stück Ingwer (5 g)
1 Pak Choi
½ Brokkoli
1 Karotte
1 EL neutrales Pflanzenöl
1 TL heller Balsamico-Essig
Saft von ½ Zitrone
1 EL Orangensaft
½ TL Speisestärke
2–3 Stängel Koriandergrün

glutenfrei

Nährwerte pro Portion: 255 kcal
F 12 g, KH 11 g, B 7 g, EW 22 g

€€€€€

Tofu in 2 cm große Würfel schneiden. **Knoblauchzehen** schälen und fein hacken. 2 EL **Sojasauce, Sriracha-Sauce** und die Hälfte des Knoblauchs in einer Schüssel verrühren, Tofu in die Marinade geben, vermengen und 30 Minuten kalt stellen. • Den **Ingwer** schälen und fein würfeln. **Pak Choi** waschen und quer in Streifen schneiden. **Brokkoli** waschen, dicken Stiel entfernen (er wird nicht verwendet) und in kleine Röschen zerteilen. **Karotte** schälen und in Stifte schneiden. • **Öl** in einer Pfanne auf hoher Stufe erhitzen, restlichen Knoblauch und Ingwer darin etwa 1 Minute anschwitzen. Marinierten Tofu, Pak Choi, Brokkoli und Karotten hinzugeben und 3 Minuten anbraten. Mit übriger **Sojasauce, Essig, Zitronensaft** und **Orangensaft** ablöschen, Marinadenreste hinzufügen, gut vermischen und auf niedrige Hitze regeln. • **Speisestärke** mit 1 EL Wasser verrühren, unter ständigem Rühren in die Pfanne geben und noch etwa 2 Minuten köcheln lassen. • Währenddessen den **Koriander** waschen, trocken schütteln, Blätter abzupfen und grob hacken. • Tofu Stir Fry auf zwei Teller verteilen und mit Koriander garniert servieren.

GRÜNKOHL-ORANGEN-SALAT MIT GERÖSTETEN NÜSSEN

Zu Grünkohl gab es früher immer auch Pinkel und als Kind löste die Vorstellung von „Pinkel" im Grünkohl echt Ekel aus. Das ist diesem freshen winterlichen veganen Salat zu Recht völlig Wurst.

Zubereitungszeit 20–25 Minuten
Für 2 Personen

Salz
200 g Grünkohl
2 Bioorangen
2 EL Olivenöl
1–2 Prisen gemahlener Zimt
schwarzer Pfeffer aus der Mühle
50 g Nussmix

glutenfrei, ohne raffinierten Zucker, ohne Soja

Nährwerte pro Portion: 404 kcal
F 25 g, KH 25 g, B 5 g, EW 11 g

€€€€€

Reichlich **Salzwasser** in einem Topf zum Kochen bringen. Inzwischen den **Grünkohl** waschen, dicke Mittelrippen entfernen und die Blätter zerzupfen. Ins kochende Wasser geben und 3 Minuten blanchieren. Mit einem Schaumlöffel herausheben, eiskalt abschrecken und in einem Sieb abtropfen lassen. • Eine **Orange** mit einem scharfen Messer so schälen, dass auch die weiße Innenhaut entfernt wird. Die Fruchtfilets aus den Trennwänden herausschneiden, dabei über einer Schüssel arbeiten, um den Saft aufzufangen. • Übrige **Orange** heiß waschen, trocken tupfen und etwa 1 TL Schale fein abreiben. Die Frucht halbieren und den Saft auspressen. • Orangenfilets samt ausgetretenem Saft, Orangenschale, Orangensaft, **Öl, Zimt** und etwas **Salz** und **Pfeffer** in einer Schüssel verrühren. Grünkohl zugeben, durchmischen und marinieren. • Eine Pfanne auf niedriger Stufe erhitzen und den **Nussmix** darin etwa 8 Minuten unter Schwenken rösten. • Den Salat auf zwei Schalen verteilen, mit den gerösteten Nüssen bestreuen und genießen.

SALAT-WRAPS MIT SÜSSSAUREM TOFU UND BROKKOLI

Damit wickelt man geschmacklich und optisch in kürzester Zeit jede:n um den kleinen Finger. Eine knackige Alternative zum Abendbrot.

Zubereitungszeit 20 Minuten
Für 2 Personen

125 g Tofu Natur
4–5 Frühlingszwiebeln
1 EL neutrales Pflanzenöl
1 kleiner Brokkoli (300 g)
2 EL Orangensaft
2 EL glutenfreie Sojasauce (z. B. Tamari)
1 TL heller Balsamico-Essig
1 TL Agavendicksaft
Salz
schwarzer Pfeffer aus der Mühle
4 größere Romana-Salatblätter
1 EL weiße Sesamsaat

glutenfrei, ohne raffinierten Zucker

Nährwerte pro Portion: 226 kcal
F 10 g, KH 13 g, B 8 g, EW 17 g

€€€€€

Tofu mit Küchenpapier trocken tupfen und in 2 cm große Würfel schneiden. **Frühlingszwiebeln** putzen, waschen und in feine Ringe schneiden, ein Drittel davon zum Garnieren beiseitestellen. • **Öl** in einer Pfanne auf mittlerer Stufe erhitzen. Tofu und Frühlingszwiebeln darin etwa 5 Minuten rundum goldbraun anbraten. • Inzwischen den **Brokkoli** waschen, den dicken Stiel entfernen (er wird nicht verwendet), in kleine Röschen teilen und in die Pfanne geben. **Orangensaft, Sojasauce, Essig** und **Agavendicksaft** hinzufügen und etwa 3 Minuten köcheln lassen, bis die Flüssigkeit verdampft ist. Mit **Salz** und **Pfeffer** abschmecken. • Währenddessen die **Salatblätter** waschen, trocken tupfen und den unteren Teil der dicken Blattrippen flach abschneiden oder flach drücken. • Tofu-Brokkoli-Mischung auf den Salatblättern verteilen und aufrollen, dabei an den Seiten etwas einschlagen. Auf zwei Teller geben, mit **Sesam** und beiseitegestellten Frühlingszwiebeln garnieren und servieren.

SWEET DREAMS

BISSCHEN SÜNDE DARF AUCH MAL SEIN ...

Ein Vorteil davon, als Einzelkind aufzuwachsen, war, dass man, wenn man die von Mutter versteckte Süßigkeitendose gefunden hatte, mit niemandem teilen musste. Der Nachteil war, dass man die Schuld auf niemanden anderen schieben konnte, wenn Mutter empört durch die gute Stube krähte: „Wer hat die Kekse aufgefressen?"

Es gab Zeiten in meinem Leben, da standen Training und Wettkampf derart im Vordergrund, dass das oft zu ökotrophologisch zumindest fragwürdigen Maßnahmen geführt hat. Vor Wettkämpfen gab es wochen-, oft monatelang keine Süßigkeiten. Der Körperfettanteil musste so gut wie irgend möglich reduziert werden. Eine Dattel im Speckmantel muss man nicht sehen, die muss man schmecken. Bei einem Bizeps verhält sich das anders. Den soll man sehen. Ergo: kein Speckmantel drumherum, keine Süßigkeiten, so wenig Fett wie möglich. Um Muskeln besser sichtbar zu machen, haben wir Bodybuilder auch bis kurz vor dem Dehydrieren auf Flüssigkeiten verzichtet, bevor wir auf die Bühne gegangen sind. Nun sind meine durstigen Wettkampfjahre genauso vorbei wie die Speckmantelzeiten. Die Dattel hingegen liebe ich nach wie vor. Und mal ganz im Ernst: Ich bin Schauspieler. Ich liebe es nicht nur, Filme zu drehen, sondern auch, sie zu schauen. Zu Hause oder noch lieber im Kino. Und der Griff in eine kleine Dose, sich mit den Fingern eine kleine Köstlichkeit herauszunehmen, in den Mund zu stecken – das ist doch wohl eine der besten Sachen, die es gibt.

Im süßesten aller Kapitel wollen Timo und ich euch erklären, wie man lecker und vegan sein Leben versüßen kann, ohne dass man vor dem Film noch mal die Jogginghose gegen die Jeans tauscht, um an der Tanke noch schnell was einzukaufen. Oder, obwohl eure Liebste oder euer Liebster sich gerade schon im Kinosessel an euch gekuschelt hat, noch mal hoch und Popcorn holen muss. Das müsst ihr jetzt nie mehr. Dank Timo Franke!

CARROT WALNUT BREAD WITH MAPLE GLAZE

Wenn man alt genug ist, denkt man bei Möhren leider automatisch an Häschenwitze, die immer mit der Frage „Hattu Möhren?" anfingen und in den unlustigsten Pointen endeten, die Witze haben können. Wenn man sich diesen Karotten-Walnuss-Traum als Nachtisch, beim Brunch, zum Kaffee oder Tee versauen will, erzählt einfach mal einen.

Zubereitungszeit 25–30 Minuten plus ca. 60 Minuten Backzeit
Für 1 Kuchen (ca. 10 Scheiben)

Für den Kuchen
Pflanzenöl
4 Karotten (insgesamt 400 g)
1 roter Apfel (200 g)
150 g Zucker
200 g vegane Margarine
150 g Walnusskerne
200 g Dinkelmehl (Type 630)
1 TL Backpulver
Salz
½ TL gemahlener Zimt
1 EL Apfelessig
Für die Glasur
100 g Puderzucker
2 EL Zitronensaft
4 EL Ahornsirup
4 EL Pistazienkerne
Außerdem
Kastenform (26 cm Länge)

ohne Soja

Nährwerte pro Scheibe: 440 kcal
F 24 g, KH 48 g, B 4 g, EW 6 g

€€€€€

Den Backofen auf 175 °C Umluft vorheizen. Die Kastenform an Boden und Seiten **einfetten.** • **Karotten** schälen und grob raspeln. **Apfel** schälen, halbieren, entkernen und ebenfalls grob raspeln. • **Zucker** und **Margarine** in eine Schüssel geben und mit den Quirlen des Handrührgeräts schaumig aufschlagen. **Walnüsse** in einen Gefrierbeutel geben und mit dem Nudelholz zerkleinern. Zur Margarinemischung geben, Karotten, Apfel, **Mehl, Backpulver,** eine Prise **Salz, Zimt** und **Essig** hinzufügen und zu einem glatten Teig verrühren. In die vorbereitete Kastenform geben, glatt streichen und im vorgeheizten Ofen etwa 60 Minuten backen. • Aus dem Ofen nehmen und abkühlen lassen. Dann aus der Form stürzen und auf eine Platte geben. • Für die Glasur **Puderzucker** mit **Zitronensaft** und **Ahornsirup** verrühren und über den Kuchen träufeln. **Pistazien** grob hacken und darüberstreuen. • Die Glasur vor dem Servieren fest werden lassen, dann den Kuchen anschneiden und genießen.

TASSEN-BROWNIE MIT ZUCCHINI UND WALNÜSSEN

Mit diesem Brownie ist es irgendwie wie bei „Ein seltsames Paar", einem Filmklassiker, den man sich übrigens gut noch mal anschauen kann: etwas, was auf den ersten Blick nicht zusammenpasst, auf den zweiten Blick aber unbedingt zusammengehört.

Zubereitungszeit 15 Minuten plus ca. 20 Minuten Backzeit
Für 4–6 Brownies

Pflanzenöl oder vegane Margarine
1 große Zucchini (250 g)
70 g Walnusskerne
130 g Dinkelmehl (Type 630)
150 g Dinkelvollkornmehl
45 g Kakaopulver
2 TL Backpulver
1 Vanilleschote
90 ml Sonnenblumenöl
2 EL Agavendicksaft
60 ml ungesüßte Pflanzenmilch
Außerdem
4–6 ofenfeste Tassen

ohne raffinierten Zucker, ohne Soja

Nährwerte pro Stück: 417 kcal
F 24 g, KH 42 g, B 7 g, EW 10 g

€€€€€

Den Backofen auf 160 °C Umluft vorheizen. Die ofenfesten Tassen mit etwas **Pflanzenöl** ausstreichen. • **Zucchini** waschen und fein raspeln. **Walnusskerne** mit den Händen grob zerkleinern. • Beide **Mehle, Kakaopulver** und **Backpulver** in einer Schüssel vermischen. • **Vanilleschote** längs aufschlitzen, das Mark herauskratzen und in eine große zweite Schüssel geben. **Sonnenblumenöl** und **Agavendicksaft** hinzufügen und mit den Quirlen des Handrührgeräts vermischen. Mehlmischung und Zucchiniraspel dazugeben und vermengen. **Pflanzenmilch** angießen und zu einem geschmeidigen Teig verrühren. Zum Schluss die Walnüsse unterheben. • Den Teig in die Tassen füllen, auf ein Backblech setzen und im vorgeheizten Ofen etwa 20 Minuten backen. • Herausnehmen, auskühlen lassen und aus den Tassen mit einem Löffel genießen. Wer möchte, der kann die Brownies auch aus den Tassen stürzen und servieren.

CRÊPES MIT ORANGEN-PFIRSICH-SALAT

Wenn man das erste Mal in Frankreich war, versteht man den alten Spruch „Liebe geht durch den Magen" vielleicht erst so richtig. Vor allem, wenn ein Crêpe im Spiel war. Vielleicht wird dieser Crêpe euer erster veganer sein, aber bestimmt nicht euer letzter.

Zubereitungszeit 25 Minuten
Für 2 Personen

Für die Crêpes
125 g Weizenmehl (Type 405) oder Dinkelmehl (Type 630)
1 EL Speisestärke
1 EL Zucker
½ TL Vanillezucker
200 ml ungesüßte Pflanzenmilch
1 TL Kokosöl

Für den Fruchtsalat
1 Orange
1 großer Pfirsich oder 2 kleine Pfirsiche
2 EL Agavendicksaft
Saft und abgeriebene Schale von ½ Biozitrone
kleine Minzeblätter (nach Belieben)

ohne Soja

Nährwerte pro Portion: 470 kcal
F 3 g, KH 96 g, B 7 g, EW 9 g

€€€€€

Für die Crêpes **Mehl, Stärke, Zucker, Vanillezucker** und **Pflanzenmilch** in eine Schüssel geben, mit einem Schneebesen zu einem glatten Teig verrühren und bis zur Verwendung ruhen lassen. • Für den Fruchtsalat die **Orange** mit einem scharfen Messer so schälen, dass auch die weiße Innenhaut entfernt wird. Die Fruchtfilets aus den Trennwänden herausschneiden, dabei über einer Schüssel arbeiten, um den Saft aufzufangen. **Pfirsich** waschen, halbieren, entsteinen und in Spalten schneiden. • Orangenfilets und Pfirsichspalten mit **Agavendicksaft, Zitronensaft** und **Zitronenschale** in eine kleine Pfanne geben, bei niedriger Hitze langsam zum Köcheln bringen. Etwa 3 Minuten köcheln lassen, dann vom Herd nehmen und warm halten. • Parallel dazu etwa ¼ TL **Kokosöl** in einer kleinen Pfanne auf mittlerer Stufe erhitzen. Ein Viertel des Teigs in die Pfanne geben und durch Schwenken gleichmäßig und dünn verteilen. Den Crêpe anbacken lassen, vorsichtig wenden und auf der anderen Seite ebenfalls goldgelb backen. Auf die gleiche Weise drei weitere Crêpes backen, bis der Teig aufgebraucht ist. • Je zwei Crêpes gefaltet auf zwei Teller geben, warmen Orangen-Pfirsich-Salat darauf anrichten, nach Belieben mit **Minze** garnieren und genießen.

Tipp Ich verwende den Pfirsich gern ungeschält, da die Schale dem Fruchtsalat eine schöne Farbe verleiht und ich die Schale auch gern mag. Aber wer möchte, kann den Pfirsich natürlich schälen.

SÜSSER COUSCOUS MIT APFELMUS

Zubereitungszeit 10 Minuten plus ca. 5 Minuten Quellzeit
Für 2 Personen

200 ml fettarme Kokosmilch aus der Dose
100 g Couscous
1 EL gemahlener Zimt
1 EL Ahornsirup
300 g ungezuckertes Apfelmus

ohne raffinierten Zucker, ohne Soja

Nährwerte pro Portion: 414 kcal
F 14 g, KH 61 g, B 6 g, EW 8 g

€€€€€

Kokosmilch auf mittlerer Stufe in einem Topf erhitzen und kurz aufkochen lassen. Vom Herd nehmen, **Couscous** mit **Zimt** unterrühren und etwa 5 Minuten quellen lassen. • **Ahornsirup** über den Couscous träufeln, vermischen und in zwei kleine Schalen füllen. Mit **Apfelmus** toppen und genießen.

Tipp Wer möchte, streut noch Kokosraspel oder vegane weiße oder dunkle Schokospäne darüber.

SCHOKO-NUSS-CRUMBLE MIT BEEREN

Zubereitungszeit 10 Minuten plus ca. 15 Minuten Backzeit
Für 2 Personen

2 EL Kokosöl
40 g vegane Bitterschokolade (mind. 70 % Kakaogehalt)
40 g Haselnusskerne
1 EL Ahornsirup
40 g Haferflocken
1 TL Vanillemark
1 Prise Salz
400 g Beeren (z. B. Himbeeren, Brombeeren, Stachelbeeren, Erdbeeren)
Außerdem
2 kleine Portionsauflaufformen

glutenfrei, ohne Soja

Nährwerte pro Portion: 507 kcal
F 27 g, KH 40 g, B 5 g, EW 10 g

€€€€€

Den Backofen auf 175 °C Umluft vorheizen. • **Kokosöl** in einem Topf bei mittlerer Hitze schmelzen. **Schokolade** und **Haselnüsse** grob hacken. • Kokosöl, Schokolade und Haselnüsse in eine Schüssel geben, **Ahornsirup, Haferflocken, Vanillemark** und **Salz** hinzufügen und zu einem Crumble-Teig vermischen. • Locker in die kleinen Auflaufformen füllen und im vorgeheizten Ofen auf der mittleren Schiene etwa 15 Minuten goldbraun backen. • Herausnehmen und kurz abkühlen lassen. • Inzwischen die **Beeren** waschen (Erdbeeren entstielen) und trocken tupfen. Auf den Crumbles anrichten und aus den Formen genießen.

Tipp Dazu passt eine Kugel veganes Vanilleeis oder aufgeschlagene vegane Sahne sehr gut.

WASSERMELONEN-PIZZA

Angenommen, ihr habt eine Wassermelone nach Hause getragen. Angenommen, die oder der Liebste ruft an und kündigt an, früher nach Hause zu kommen. Angenommen, „früher" ist bereits in 10 Minuten. Dann ist diese buntsüße Gaumenfreude eure Verbündete.

Zubereitungszeit 10 Minuten
Für 2 Personen

6–8 Himbeeren
2 EL Blaubeeren
½ kleiner Pfirsich oder kleine Nektarine
einige kleine Minzeblätter
1 TL Vanillezucker
100 g ungesüßter veganer Joghurt
1 kleine Wassermelone (ca. 3 kg)
15 g geröstete Haselnusskerne

glutenfrei, ohne Soja

Nährwerte pro Portion: 101 kcal
F 6 g, KH 5 g, B 1 g, EW 4 g

€€€€€

Himbeeren und **Blaubeeren** waschen und abtropfen lassen. **Pfirsichhälfte** waschen, entsteinen und in kleine Würfel schneiden. **Minze** waschen, trocken schütteln und die Blätter grob hacken. • **Vanillezucker** in den **Joghurt** rühren. • **Wassermelone** waschen, dann aus der Mitte zwei 2–3 cm dicke Scheiben schneiden, auf zwei große Teller legen (die Schale bleibt dran) und in „Pizzastücke" schneiden (restliche Wassermelone später pur genießen). • Melonenstücke mit dem Vanillejoghurt bestreichen. Beeren, Pfirsichwürfel, Minze und **Haselnüsse** auf den Wassermelonen-Pizzen verteilen und servieren.

CHIAPUDDING MIT ERDBEEREN

Der Duft von Sommer, eine Form wie ein Herz und ein Vitamin-C-Gehalt, der Zitronen blass werden lässt: Für Erdbeeren darf man einfach alles stehen und liegen lassen. Eine herrliche Gelegenheit dazu ist dieser freshe Pudding zu fast jeder Tageszeit.

Zubereitungszeit 5–7 Minuten plus 60 Minuten Quellzeit
Für 2 Personen

250 g Erdbeeren
475 ml ungesüßte Pflanzenmilch
3 EL Ahornsirup
60 g Chiasamen

glutenfrei, ohne raffinierten Zucker, ohne Soja

Nährwerte pro Portion: 335 kcal
F 11 g, KH 41 g, B 13 g, EW 9 g

€€€€€

Die **Erdbeeren** waschen, trocken tupfen und entstielen. • 200 g Erdbeeren, **Pflanzenmilch** und **Ahornsirup** im Standmixer fein pürieren. Alternativ einen Stabmixer verwenden. • Erdbeermilch in einen verschließbaren Behälter geben, **Chiasamen** dazugeben, gut verrühren und den Chiapudding im Kühlschrank 60 Minuten quellen lassen. • Zum Servieren restliche Erdbeeren in Scheiben schneiden. Den Chiapudding in Gläser füllen und mit Erdbeerscheiben garnieren.

Tipp Der Chiapudding ist auch ein leckeres Frühstück, das sich toll am Vorabend vorbereiten lässt, denn ihr könnt ihn über Nacht quellen lassen. Er ist auch perfekt für unterwegs.

PROTEIN-KAISERSCHMARREN

Eine klassische Zerreißprobe. Die Frage ist, schmeckt es eigentlich auch, wenn er nicht zerrissen wird? Ist es dann nur noch Königsschmarren? Darf gern ausprobiert werden. Vegan bleibt er so oder so.

Zubereitungszeit 15 Minuten plus ca. 5 Minuten Garzeit
Für 2 Personen

80 g zarte Haferflocken
1 EL Chiasamen
2 EL Kokosblütenzucker
30 g veganes Proteinpulver mit Vanillegeschmack
1 EL Maca-Pulver
1 TL Backpulver
1 Vanilleschote
1 TL Hanföl
1 EL neutrales Pflanzenöl
Außerdem
Hochleistungsmixer

glutenfrei, ohne raffinierten Zucker, ohne Soja

Nährwerte pro Portion: 350 kcal
F 12 g, KH 38 g, B 6 g, EW 17 g

€€€€€

Haferflocken, Chiasamen, 1 EL **Kokosblütenzucker, Proteinpulver, Maca-Pulver** und **Backpulver** in den Hochleistungsmixer geben und zu feinem Pulver verarbeiten. • **Vanilleschote** längs halbieren, das Mark auskratzen und ebenfalls in den Hochleistungsmixer geben. 300 ml Wasser und **Hanföl** angießen und zu einem Teig verarbeiten. • **Pflanzenöl** in einer gut beschichteten schweren Pfanne erhitzen, den Teig hineingeben und 2–3 Minuten backen. Mit dem restlichen **Kokosblütenzucker** bestreuen, den Kaiserschmarren mit einem Pfannenwender vorsichtig wenden und von der anderen Seite ebenfalls 2–3 Minuten bräunen. • Den Kaiserschmarren mit zwei Kochlöffeln zerzupfen, auf zwei Teller verteilen und direkt servieren.

Tipp Wer es süßer mag, der bestäubt den fertigen Kaiserschmarren mit etwas Puderzucker. Je nach Geschmack könnt ihr noch Kakaonibs darüberstreuen oder pflanzlichen Skyr oder Beeren nach Wahl dazu servieren. Falls kein Hochleistungsmixer vorhanden ist, tut es auch ein Standmixer. Wenn auch dieser fehlt, könnt ihr euch mit einem leistungsstarken Stabmixer behelfen: Chiasamen in ein hohes Mixgefäß geben, 300 ml Wasser zugießen und mindestens 30 Minuten quellen lassen. Haferflocken, 1 EL Kokosblütenzucker, Proteinpulver, Maca-Pulver, Backpulver, Vanillemark und Hanföl hinzufügen und mit dem Stabmixer pürieren.

NEW YORK CHEESECAKE MIT ERDBEER-MINZE-SALAT

Im Elternhaus Moeller gab es früher einen Käsekuchen ohne Boden, den Ralf in Zeiten der Wettkampfvorbereitung trotz Sweets-Verbot essen durfte. Mit diesem NY Cheesecake plus Extra bereitet man sich zwar nicht auf Wettkämpfe vor, aber man macht alles richtig bei allen! Ob klein, groß, jung, alt, sportlich oder nicht.

Zubereitungszeit 30 Minuten plus ca. 60 Minuten Backzeit, 60 Minuten Nachbackzeit, Abkühlzeit über Nacht und Kühlzeit
Für 16 Kuchenstücke

Für den Cheesecake
75 g vegane Margarine plus etwas mehr zum Einfetten
150 g vegane Kakao-Doppelkekse mit Cremefüllung
800 g veganer Frischkäse Natur
400 g ungesüßter veganer Joghurt
60 ml neutrales Pflanzenöl
100 ml Agavendicksaft
1 Pck. Vanillepuddingpulver
1 EL Zitronensaft
Für den Erdbeer-Minze-Salat
150 g Erdbeeren
4–5 Stängel Minze
1–2 EL Agavendicksaft (nach Belieben)
Außerdem
Springform (Ø 26 cm)

ohne Soja

Nährwerte pro Stück: 230 kcal
F 13 g, KH 23 g, B 0 g, EW 4 g

€€€€€

Für den Cheesecake den Backofen auf 175 °C Ober-/Unterhitze vorheizen. Den Boden der Springform mit Backpapier auslegen und den Rand **einfetten.** Boden und Rand der Springform mit einer doppelten Schicht Alufolie umhüllen, damit später kein Wasser eindringen kann. • **Doppelkekse** in einen Gefrierbeutel geben, mit dem Nudelholz zerkleinern und in eine Schüssel füllen. • **Margarine** in einem kleinen Topf schmelzen, über die Kekskrümel träufeln und vermengen. Dann in die vorbereitete Springform geben und am Boden gut andrücken. • **Frischkäse** in eine Rührschüssel geben und mit den Quirlen des Handrührgeräts glatt rühren. **Joghurt, Öl, Agavendicksaft, Puddingpulver** und **Zitronensaft** unterrühren. Dann die Masse gleichmäßig auf dem Keksboden verteilen. • Eingewickelte Springform in eine große Auflaufform stellen und so viel kochendes Wasser einfüllen, dass es etwa 4 cm hoch steht. Im vorgeheizten Ofen etwa 60 Minuten backen. • Den Ofen nach der Backzeit ausschalten und den Cheesecake noch etwa 60 Minuten im Ofen ruhen lassen. Dann herausnehmen, über Nacht auf Raumtemperatur abkühlen lassen, danach bis zum Servieren kalt stellen. • Für den Erdbeer-Minze-Salat **Erdbeeren** waschen, entstielen, kleine Beeren ganz lassen, größere halbieren oder vierteln und in eine Schüssel geben. **Minze** waschen, trocken schütteln, die Blätter in feine Streifen schneiden und unter die Erdbeeren heben. Nach Belieben mit **Agavendicksaft** süßen. • Cheesecake aus der Form lösen, auf eine Platte setzen und in 16 Stücke schneiden. Mit dem Erdbeer-Minze-Salat servieren.

MOUSSE AU CHOCOLAT

Welches Wort klingt wie Abrakadabra und hat ähnliche magische Fähigkeiten? Richtig, Aquafaba. Noch nie war Naschen auf so hohem Niveau und der Weg dahin unbeschwerter.

Zubereitungszeit 20–25 Minuten plus 60 Minuten Kühlzeit und Abkühlzeit
Für 2 Personen

Für die Mousse
110 ml Kichererbsen-Aquafaba (siehe Tipp)
1 Prise Salz
1–2 TL Puderzucker
1 Pck. Vanillezucker
120 g vegane Bitterschokolade (mind. 70 % Kakaogehalt)
Zum Servieren (nach Belieben)
1–2 TL vegane dunkle oder weiße Schokoraspel
einige kleine Minzeblätter
1 Prise grobes Meersalz

glutenfrei, ohne Soja

Nährwerte pro Portion: 394 kcal
F 30 g, KH 18 g, B 7 g, EW 5 g

€€€€€

Für die Mousse **Aquafaba** in eine Rührschüssel geben, **Salz, Puderzucker** und **Vanillezucker** hinzufügen und mit den Quirlen des Handrührgeräts oder in der Küchenmaschine etwa 10 Minuten steif aufschlagen. Bis zur Verwendung in den Kühlschrank stellen. • **Schokolade** grob hacken, in eine hitzebeständige Schüssel geben und über einem heißen Wasserbad unter Rühren schmelzen. Anschließend auf Raumtemperatur abkühlen lassen. • Aufgeschlagene Aquafaba-Masse mit einem Löffel vorsichtig unter die abgekühlte Schokolade heben. • Die Mousse au Chocolat in zwei Gläser füllen und mindestens 60 Minuten in den Kühlschrank stellen. • Zum Servieren die Portionen nach Belieben mit **Schokoraspeln** bestreuen und mit **Minze** dekorieren. Wer mag, zerreibt leicht einige Körner grobes **Meersalz** und streut sie darüber.

Tipp Für ein heißes Wasserbad am besten etwa 500 ml Wasser in einen Topf füllen, zum Sieden bringen und leise köcheln lassen.

Aquafaba-Tipps Aquafaba (lateinisch „aqua" für Wasser, „faba" für Bohne) nennt man die Kochflüssigkeit von Hülsenfrüchten. Sie enthält viel Protein und lässt sich wie Hühnereiweiß toll aufschlagen. Für 110 ml Aquafaba, die hier benötigt werden, braucht man Kichererbsen aus dem Glas mit einer Einwaage von 600 g. Die übrig bleibenden 400 g Kichererbsen (Abtropfgewicht) lassen sich gut 2–3 Tage im Kühlschrank aufbewahren und für andere Rezepte aus diesem Buch verwenden, zum Beispiel für Hummus mit Gemüsesticks (siehe Seite 123), orientalischen Blumenkohlauflauf (siehe Seite 83), Caesar Salad mit Cashewdressing (siehe Seite 100), gebackene Süßkartoffel mit Erbsen-Hummus (siehe Seite 144), Pizza mit Kichererbsenboden (siehe Seite 135), für die Proteinshakes (siehe Seite 66) und mehr. Aquafaba gibt es auch als Fertigprodukt zu kaufen, aber es kann sein, dass das Aufschlagen damit nicht so gut funktioniert.

BANANEN-BEEREN-NICECREAM

Zubereitungszeit 10 Minuten
Für 2 Personen

200 g gemischte TK-Beeren
300 g gefrorene Bananenstücke (siehe Tipp)
100 ml ungesüßte Pflanzenmilch
40 g Haferflocken
2 EL Agavendicksaft
1 Prise gemahlener Zimt
30 g vegane Cornflakes
1 EL geschrotete Leinsamen

glutenfrei, ohne raffinierten Zucker, ohne Soja

Nährwerte pro Portion: 399 kcal
F 4 g, KH 76 g, B 13 g, EW 8 g

€€€€€

Beeren und **Bananen** aus dem Gefrierfach nehmen und einige Minuten antauen lassen. • 160 g Beeren mit Bananen, **Pflanzenmilch, Haferflocken, Agavendicksaft** und **Zimt** in ein hohes Mixgefäß geben und mit dem Stabmixer cremig pürieren. • Nicecream in zwei Schalen geben, mit **Cornflakes, Leinsamen** und übrigen Beeren garnieren und direkt servieren.

Tipp Dieser kühle Genuss ist so schnell gemacht, dass ihr am besten immer gefrorene Bananenstücke im Gefrierfach haben solltet. Dazu möglichst reife Bananen schälen, in Stücke schneiden, dann in einer Lage in einen Gefrierbeutel geben oder in eine Gefrierbox mit Backpapier zwischen den Lagen füllen und mindestens 6 Stunden gefrieren.

BLAUBEER-HAFERFLOCKEN-WAFFELN

Zubereitungszeit 5 Minuten
Für 2 Personen

50 g Weizenvollkornmehl
1 Msp. Backpulver
30 g Haferflocken
2 EL ungezuckertes Apfelmus
100 ml ungesüßte Pflanzenmilch
2 EL Ahornsirup
1 EL Rapsöl plus etwas mehr zum Einfetten
50 g Blaubeeren
Außerdem
Waffeleisen

ohne raffinierten Zucker, ohne Soja

Nährwerte pro Portion: 248 kcal
F 7 g, KH 39 g, B 6 g, EW 5 g

€€€€€

Mehl, Backpulver und **Haferflocken** in einer Schüssel vermengen. • **Apfelmus, Pflanzenmilch, Ahornsirup** und **Öl** zugeben und verrühren. • **Blaubeeren** waschen, trocken tupfen und unterheben. • Das Waffeleisen vorheizen, gut **einfetten** und aus dem Teig nacheinander zwei Waffeln backen.

Tipp Dazu passt eine Kugel veganes Vanilleeis oder Beerensorbet oder aufgeschlagene vegane Sahne.

Vegane Ersatzprodukte Da Begriffe wie „Milch", „Sahne", „Joghurt" und „Käse" im Handel nur für tierische Milchprodukte verwendet werden dürfen, geben die Hersteller ihren veganen Ersatzprodukten meist fantasievolle Bezeichnungen. Der Einfachheit halber haben wir in den Rezepten meist „ungesüßter veganer Joghurt", „ungesüßte Pflanzenmilch", „veganer Frischkäse" und „veganer Reibekäse" angegeben. Unter diesen allgemeinen Begriffen sind verschiedene Sorten zusammengefasst. Ihr könnt in diesen Rezepten also jede Art von Pflanzenmilch und Pflanzenjoghurt verwenden, solltet aber darauf achten, dass die Produkte ungesüßt sind.

Manchmal geben wir „Haferdrink" als Sorte an, weil das Rezept damit am besten schmeckt, aber auch hier könnt ihr eine andere Pflanzenmilch verwenden.

- Pflanzenmilch wie Hafer-, Soja-, Mandel-, Reis-, Cashew- und Dinkelmilch wird meist „Haferdrink", „Sojadrink", „Mandeldrink", „Reisdrink", „Cashewdrink" und „Dinkeldrink". genannt. Achtet darauf, dass das Produkt zuckerfrei ist.
- Pflanzenjoghurt auf der Basis von Mandeln, Cashewkernen, Soja, Hafer, Lupinen, Reis, Hanf etc. gibt es zum Beispiel als „vegane Joghurtalternative", „Sojaghurt", „Kokosghurt" oder einfach „Mandel Natur vegan". Beliebt ist auch „Skyr-Style". Wählt auch hier zuckerfreie Produkte.
- Veganer Frischkäse und Reibekäse: Vegane Käsealternativen haben im Handel die unterschiedlichsten Fantasie-Produktnamen. Schaut euch die Inhaltsstoffe genau an.
- Frisches veganes Hack wird meistens auf der Basis von Hülsenfrüchteproteinen hergestellt und kann unterschiedliche Inhaltsstoffe enthalten, die ihr prüfen solltet.

Unverträglichkeiten Wenn ihr Soja nicht gut vertragt, achtet darauf, dass Pflanzenmilch, Pflanzenjoghurt, veganer Frischkäse, veganer Reibekäse oder frisches veganes Hack sojafrei sind. Und wer auf Gluten empfindlich reagiert oder unter Zöliakie leidet, der sollte keine Dinkelmilch verwenden und zusehen, dass auch die anderen veganen Milchersatzprodukte glutenfrei sind.

Rezeptkategorien Unten auf den Rezeptseiten findet ihr Hinweise, ob das Gericht ohne Soja, Gluten oder raffinierten Zucker auskommt. Damit es überschaubar bleibt, haben wir Produkte als sojafrei gewertet, die es in den allermeisten Alternativen auch sind, von denen es jedoch auch mal eine Variante dazwischen gibt, die mit Soja hergestellt wird. Wem es wichtig ist, sich ohne Soja zu ernähren, der sollte beim Kauf immer einen kurzen Blick auf die Inhaltsangaben werfen. Bei Gemüsebrühe und Backpulver solltet ihr darauf achten, dass diese immer glutenfrei sind.

ZUTATEN- UND REZEPTREGISTER

Ihr sucht ein ganz bestimmtes Gericht oder nach einer Zubereitungsidee für vorrätige Zutaten? Das Register hilft euch schnell weiter: Alle Rezepte aus diesem Buch und die wichtigsten Komponenten sind hier alphabetisch gelistet.

DANK

Geschichten und Kochen haben einiges gemeinsam. Beides kann man durchaus ganz ohne Gesellschaft genießen. In Geschichten – egal, ob in Büchern und Filmen oder im Theater – kann man allein abtauchen. Und Kochen ist – ganz egal, ob aufwendig oder nicht – für einen allein natürlich unkompliziert, da man nicht auf Geschmäcker Rücksicht nehmen muss. Für Geschichten und Kochen gilt allerdings auch, dass beides in Gesellschaft wohl ein bisschen glücklicher macht. Denn es ist doch so: Sobald eine Geschichte, von der man gefesselt war, zu Ende erzählt ist, erzählt man anderen davon, weil man sie einfach mit jemandem teilen will. Genauso wie die Freude beim Essen, wenn es besonders schmeckt. Beides – Kochen und Geschichten – lebt außerdem von Inspiration. Auf unseren individuellen Wegen rund um vegane Ernährung spielten verschiedene Menschen (unabhängig von ihrer persönlichen Ernährungsweise) und Ereignisse eine Rolle. Einige davon, aber bei Weitem nicht alle, finden im Kochbuch Erwähnung, da sie Inspiration bei der Entstehung der Texte waren.

In diesem Sinne Danke an all unsere Wegbegleiter:innen, besonders an Ralfs Freund Franco Carlotto mit Dexter, der Ralf zur veganen Ernährung geleitete, sowie Timos „vegan.united"-Team und Geschäftspartnerin Lili Weber, die mit Rückenfreihalten und hervorragender Arbeit dafür sorgen, dass er so tolle Projekte umsetzen kann. Einer Redensart nach löffelt man die Suppe, die man sich selbst einbrockt, auch allein wieder aus. Zum Glück haben wir uns diese „Suppe" nicht allein eingebrockt, in unserer „Küche" wirkten mehrere Menschen zusammen. Deshalb löffeln wir sie auch auf gar keinen Fall allein aus und teilen sie dankbar. Mit: Michael Caudera, Ralfs langjährigem Wegbegleiter, der den Anstoß zu einem gemeinsamen Kochbuch gab. Gewissermaßen hat er die Küchentür aufgestoßen und das Licht angemacht. Stephanie Nauber und Tankred Lerch, unserem Co-Autoren-Team, das sozusagen für Würze und geschärfte Messer sorgte und stets umrührte.

Fotograf Hubertus Schüler mit Benedikt Obermeier und Stefan Mungenast, die Timos Rezepte stilsicher in Szene setzten. Und last, but not least mit dem ganzen Team vom Becker Joest Volk Verlag – insbesondere Justyna Schwertner, die uns fotografisch eingefangen hat, sowie Ralf Joest, Anne Krause, Valerie Mayer, Annika Steinacker, Şebnem Yavuz und Johanna Hänichen –, das souverän, kreativ und mit leidenschaftlichem Engagement dafür sorgte, dass dieses Buch so, wie es ist, mit euch, liebe Leser:innen, geteilt werden kann.

Sobald eine Geschichte, von der man gefesselt war, zu Ende erzählt ist, erzählt man anderen davon, weil man sie einfach mit jemandem teilen will. Genauso wie die Freude beim Essen, wenn es besonders schmeckt.

Ralf und Timo, ihr seid ein Dream-Team und echte Gladiatoren für die vegane Sache. Euch verdanken wir coole Storys, großartige Rezepte und ganz viel Motivation. Stephanie und Tankred, ihr habt das Ganze in Texte gegossen, die uns einfach richtig viel Vergnügen beim Lesen bereitet haben. Michael, deinem Projektmanagement verdanken wir, dass der ambitionierte Plan überhaupt so Realität werden konnte. Hubertus, Benedikt und Stefan, ihr habt wieder für hinreißende Fotos gesorgt, die große Lust aufs Nachkochen machen. Désirée, Alexander und Christian, vielen Dank, dass ihr uns an entscheidender Stelle mit Rat und Tat zur Seite gestanden habt. Danke auch an den Ventil Verlag und Jens Neumann für die vertrauensvolle Kooperation im Vorfeld des Projekts.

Ein herzliches Danke auch allen weiteren Verantwortlichen, die zum Gelingen dieses Buches beigetragen haben: Vielen Dank an Chris für die Illustrationen und an Justyna für die Autorenporträts, an Doreen für das Lektorat sowie an Şebnem für das Rezeptlektorat und an Viola für die Unterstützung beim Mengenrechner und bei den Nährwerten. Danke an unser Team für die unermüdlichen Bemühungen um die außerordentliche Qualität.

IMPRESSUM

Originalausgabe
Becker Joest Volk Verlag GmbH & Co. KG
Bahnhofsallee 5, 40721 Hilden, Deutschland

1. Auflage Dezember 2022

ISBN 978-3-95453-283-4

Text: Ralf Moeller
Rezepte: Timo Franke
Co-Autoren Text: Stephanie Nauber, Tankred Lerch
Food-Fotografie: Hubertus Schüler
Food-Fotografie-Assistenz: Benedikt Obermeier
Foodstyling: Stefan Mungenast
Projektleitung: Valerie Mayer
Projektmanagement: Katharina Ibach
Leitung Grafik, Porträts: Dipl.-Des. Justyna Schwertner
Typografische Konzeption, Layout, Buchsatz:
Dipl.-Des. Anne Krause
Polaroids: Privat von Ralf Moeller und Timo Franke
Illustrationen: Chris Hees
Bildbearbeitung: Dipl.-Des. Markus Neis, Benedikt Obermeier
Nährwertermittlung: Viola Marschall
Fachlektorat Rezepte: Şebnem Yavuz
Lektorat: Doreen Köstler
Druck: Firmengruppe Appl, aprinta druck GmbH

WWW.MENGENRECHNER.DE
kcal
UNSER KOSTENLOSER VERLAGSSERVICE

Ausführliche Infos
siehe rechts

BECKER
JOEST
VOLK
VERLAG
www.bjvv.de

Co-Autoren

Tankred Lerch

Tankred Lerch wurde 1970 in Lübeck geboren, ist in Hamburg zur Schule gegangen, hat in Kiel Jura studiert und bei Radio Schleswig-Holstein volontiert. Seit 1997 lebt er in Köln, arbeitet als Autor und Producer für Film und Fernsehen, lehrt seit 2013 als freier Dozent audiovisuelle Dramaturgie an der FH St. Pölten und schreibt Sachbücher, Drehbücher und Romane. Von ihm erschienen unter anderem der Roman und das Hörbuch „Der Rüberbringer" sowie die Bestseller „Ein Ausflug nach wohin eigentlich keiner will: Zu Besuch in Afghanistan" mit Kurt Krömer und „Erstma' machen" mit Ralf Moeller.

Stephanie Nauber

Stephanie Nauber, geboren 1975, war nach Abitur und Ausbildung in Köln zunächst einige Jahre als Musikredakteurin für die Show „TV total" tätig. Seit 2006 arbeitet sie als freie Autorin und Redakteurin und führte seither zahlreiche Interviews, recherchierte und schrieb für verschiedene Formate und Plattformen, unter anderem für TV-Shows und zur Fiction-Stoffentwicklung. Sie ist Ideengeberin, kreiert Wort und Bild und begleitet Projekte von Musik bis Literatur. Darunter die Bücher „Warum, Silke, warum?" von Tankred Lerch sowie die „Donike Methode – gesundheitsbewusst trainieren" von Daniela Donike.